U0618914

依据最新课程标准 紧扣学科核心素养

中小学
实验教学
指导与创新案例

初中物理

中国教育装备行业协会 编

教育科学出版社

·北 京·

出 版 人　郑豪杰
责任编辑　金　鑫
版式设计　京久科创　郝晓红
责任校对　贾静芳
责任印制　叶小峰

图书在版编目（CIP）数据

中小学实验教学指导与创新案例. 初中物理 / 中国
教育装备行业协会编. -- 北京 : 教育科学出版社，
2024.7. -- ISBN 978-7-5191-3050-3

Ⅰ. G633

中国国家版本馆CIP数据核字第20242GS874号

中小学实验教学指导与创新案例　初中物理
ZHONGXIAOXUE SHIYAN JIAOXUE ZHIDAO YU CHUANGXIN ANLI　CHUZHONG WULI

出 版 发 行　教育科学出版社		
社　　　址　北京·朝阳区安慧北里安园甲9号	邮　　　编　100101	
总编室电话　010-64981290	编辑部电话　010-64989276	
出版部电话　010-64989487	市场部电话　010-64989009	
传　　　真　010-64891796	网　　　址　http://www.esph.com.cn	
经　　　销　各地新华书店		
制　　　作　北京京久科创文化有限公司		
印　　　刷　中煤（北京）印务有限公司		
开　　　本　720毫米×1020毫米　1/16	版　　　次　2024年7月第1版	
印　　　张　17.75	印　　　次　2024年7月第1次印刷	
字　　　数　227千	定　　　价　52.00元	

图书出现印装质量问题，本社负责调换。

编 委 会

丛书主编

夏国明

丛书副主编

李梦莹

本书主编

孙佩雄　鲍亚培

本书编委

侯　丹　韦淑敏　张汉泉　李　孟

目录

第 一 部 分

实验设计理论
指导与原则

《义务教育物理课程标准（2022 年版）》对实验教学的新要求

实验是物理学知识体系的重要组成部分，是学生学习的重要内容；实验是物理概念及规律建立的基础，是物理教学的必备方法；实验是物理学研究不可替代的科学研究方式，是培养学生物理核心素养的重要途径。2022 年版义务教育物理课程标准的修订在强化育人导向、优化课程内容结构、研制学业质量标准、增强指导性、加强学段衔接的基础上，对实验教学的要求也有所提升，提出了更加细致和全面的要求，完善了物理实验的教学内容，拓展了物理实验内涵的理解范围，提升了物理实验教学在物理教学中的地位，凸显了物理实验教学对全面发展学生核心素养的关键作用。

物理实验贯穿整个物理学史的发展过程，物理实验及其蕴含的思维方法是物理学研究极其重要的方法和手段，物理实验对物理知识的建构过程符合新课改的教学理念及策略，物理实验的探究过程显现的科学家精神是科技创新、科学态度及社会责任感的重要体现。因此，物理实验与核心素养是相互作用的，即物理实验中渗透着核心素养，核心素养发展指导物理实验教学的设计。物理实验与教学的有机融合可以有效地将核心素养融入学生的学习过程，核心素养可以有效为物理实验教学的设置提供理论和实践的设置依据。新版课程标准特别凸显了物理实验教学在学生核心素养发展方面的重要性，提高了物理实验在教学中的应用频率，在具体内容中强调"通过物理实验……"；提升了物理实验在教学中的地位，使其成为学生核心素养发展必需的教学手段；拓宽了物理实验在教学中的应用范围，除学生必须完成的学业内容外，物理实验还被应用于不同的类型教学中，如学情分析、情境设置等。

1. 基于核心素养的物理实验教学设置

1.1 在课程内容中增设了"实验探究"这一一级主题，明确了"实验探究"的设置分类，对加强物理课程的实践性要求有所提升

基于发展学生核心素养的要求，本次课程标准的修订增设了"实验探究"的一级主题，需要教师将实验探究作为发展学生核心素养的重要方法和有效途径；明确了"实验探究"的设置分类，在一级主题下分列了两个二级主题"测量类学生必做实验"（简称"测量类"）和"探究类学生必做实验"（简称"探究类"）。实验内容的修订是建立在《义务教育物理课程标准（2011 年版）》实践十年所累积的教育教学经验基础上的，保留了原有课程标准中的精华要素，改进了实践教学过程中遇到的问题，融入落实立德树人根本任务与核心素养发展要素，共规定了二十一个学生必做实验，其中"测量类"九个，"探究类"十二个。新版课程标准要求通过"测量类"让学生掌握基本仪器的使用、基本物理量的测量方法、基本实验操作技能，能够通过对基本物理量的测量设计实验测量其他物理量，完成实验探究等；要求"探究类"既是学习内容又是学习方法，不仅要通过探究实验体验科学探究的过程、体会科学家研究的心路历程、培养科学精神、锻炼科学思维，还要帮助学生深化对物理概念和规律的理解，促进物理观念的发展与形成。此外新版课程标准还要求两类实验都具有提高学生学习物理兴趣、增加学生学习成就感、培养学生用物理学方法解决问题的意愿的功能。

对比两版课程标准中实验教学内容的设置，如图 1-1 所示。2011 年版课程标准没有对实验内容进行明确的分类，2022 年版课程标准明确将必做实验分为"测量类"和"探究类"，进一步明确了不同实验在教学中的作用。完全没有改变的实验项目共十二个，其中"测量类"六个，"探究类"六个。在题目和内容变化方面可以按照三种情况进行对比。

（1）表述略有变化的实验项目

表述略有调整的实验项目有四个，其中"探究类"三个、"测量类"一

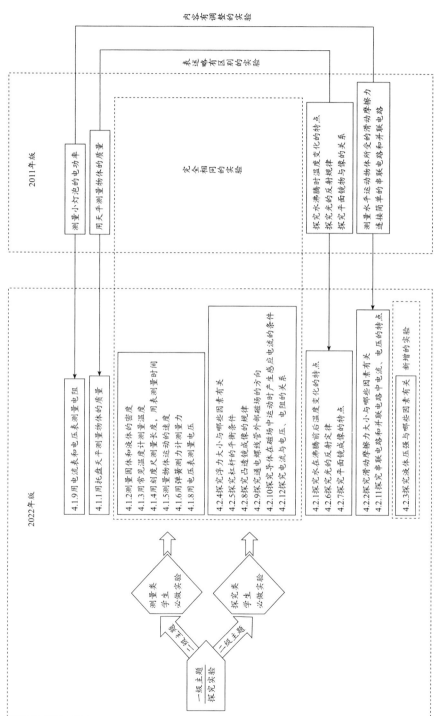

图 1-1

个。"用托盘天平测量物体的质量"实验项目的主要变化体现在实验器材上，强调了初中阶段学生在实验室中对物体质量测量时使用的实验器材为托盘天平，要求学生通过实验知道托盘天平的构造和原理，掌握托盘天平的使用方法及注意事项，通过测量过程明确读数规则、测量误差，培养严谨的科学态度及实事求是的精神。"探究水在沸腾前后温度变化的特点"实验项目的变化主要体现在实验的观察过程上，强调证据搜集的完整性，通过对水沸腾前后温度变化差异的对比研究，教会学生对比研究方法，并促进学生对沸腾的现象、条件以及沸腾前后温度变化特点深入理解，完善物理观念的形成过程。"探究光的反射定律"实验项目的变化体现在探究结论上，将"反射规律"变成了更加精准的描述——"反射定律"，要求通过探究实验让学生了解获得物理定律的思维方法，探究教学中要强调现象的观察、证据的搜集，引导学生对证据进行归纳，并明确总结出的结论存在一定的适用范围，强调通过探究实验发展学生的科学思维。"探究平面镜成像的特点"同样也体现在探究结论上，用"成像的特点"替换了"物与像的关系"，要求在实验探究过程中强调条件的变化，半定量地开展实验探究，提高了实验探究的高度。

（2）内容有所调整的实验项目

内容有所调整的实验项目有三个。其中两个实验项目由测量类实验调整为探究类实验。"测量水平运动物体所受的滑动摩擦力"项目调整为"探究滑动摩擦力大小与哪些因素有关"，调整前后重复的部分为测量水平运动物体所受到的滑动摩擦力的大小，通过探究实验扩大了实验的研究范围，改变了实验的教学方法，提升了实验教学的要求。同样进行内容调整的实验项目还有"连接简单的串联电路和并联电路"，其调整为"探究串联电路和并联电路中电流、电压的特点"，调整后的实验内容以"连接简单的串联电路和并联电路"的实验操作为探究基础，在探究实验中融入物理核心素养。另外一个内容有所调整的实验项目为"测量小灯泡的电功率"，其调整为"用电流表和电压表测量电阻",调整前后的实验内容均是间接测量某一物理量,并且实验仪器和测量方法相同,均是用电流表和电压表直接测量电流和电压,再间接计算出电功率或电阻,两个实验促进学生发展的侧重点也是相似的。但是,新版课程标准注重不同学段间教学内容的衔接,因此,义务教育阶段物理实验教学设置的"用电流表和电压表测量电阻"是高中阶段伏安法测量电阻的前提和基础。

(3)新增实验项目

新增一个实验项目,为"探究液体压强与哪些因素有关"。新版课程标准的课程内容中要求学生"探究并了解液体压强与哪些因素有关",相应地增加了"探究液体压强与哪些因素有关"的学生必做探究类实验项目。对于初中学生而言,液体压强是较为抽象的物理概念,学生对液体压强的感性认识较少,需要学生形成较强的抽象思维能力并进行分析,这就需要通过探究实验引导学生感受液体压强形成的原因,促进学生建构液体压强的物理模型,加深对液体压强的认识。

本次课程改革中,以实验为主的"科学探究"是四个核心素养中的内容之一,将"实验探究"设置为五个一级主题之一,新增一个探究类实验,调整两个测量类实验为探究类实验,就是新课程理念"注重科学探究,倡导教学方式多样化"对物理实验教学提出的新要求。

1.2 从核心素养的角度拓展实验内涵

2022 年版课程标准的修订以学科核心素养和学生身心发展特点为确定教学目标的依据,意在立足学生的全面发展。新版课程标准特别提出注重科学探究,倡导教学方式多样化,这就要求教师们不能只完成课程标准中的必做实验,还要不断地深入挖掘实验教学资源,拓展实验内涵,要通过实验教学强化教学情境,突出知识内容,引起学生认知冲突,提升学生分析问题、解决问题的实践本领,发展学生科学思维水平等。

（1）通过实验强化教学情境

教学情境的建立，对学生物理观念的形成、问题意识的形成、用所学科学知识解决生活中实际问题的意愿的形成具有重要作用，是引发学生学习兴趣的关键。教学情境多采用生活中的实际例子，可以采用实验与生活相结合的方式完成，引发学生的思考，激发学习兴趣。例如在讲解声音具有能量时，可以将狮吼功和声音碎玻璃杯的实验作为教学情境引入本课内容，引发学生思考，形成问题意识，加深对声音具有能量这一知识的理解。

（2）通过实验深度探测学情

针对全面发展学生核心素养的教学过程，在前测了解学情时，不但需要对学生的知识掌握情况进行评测，还需要全面了解学生的科学思维、科学探究及科学态度与责任，如学生是否能够将当前所学知识与前面学过的知识建立恰当的联系、用什么样的科学推理方法对本节物理概念进行研究、能否发现问题、是否有正确的科学态度等，针对所测学情，不断调整教学过程。例如，在串联电路与并联电路的学习中，可以选择四个相同的小灯泡，分别连接一个串联电路和一个并联电路，接入电路中的电源相同。先让学生猜测这两个电路中的四个灯泡的亮度是否相同，通过实验对学生现有知识的了解情况进行前测，然后根据测量出的结果调整课程设置。

（3）通过实验完善实践环节

新版课程标准设置了一系列的实践性环节，以促进学生物理观念的形成、培养学生的科学探究能力、锻炼学生的科学思维、树立学生的科学态度和价值观。如增加了"探究物质变化过程""探究物质的相互作用"等实践性环节。这些实践性环节都包含着实验，如在"探究物质变化过程"中，可以安排学生设计并完成相应天气状况的模拟过程，完成对物态变化的实践性活动。在此过程中，学生可以同所掌握的物态变化知识建立联系，完善物态变化部分的知识体系建构，学会运用所学知识解决生活中的实际问题，学会运用模型分析常见问题，培养学生正确的科学态度及实事求是的精神。

2. 针对核心素养的物理实验教学实施要求

2.1 重视学生动手实验，促进学生核心素养的发展

动手实验是物理学习的重要方法，也是培养学生科学思维和科学探究能力的重要途径。因此，在物理教学中，教师要引导学生积极参与到实验教学中来，帮助他们进行实验操作、实验观察、记录、描述、分析和论证等活动。物理学科的特点之一就是实验现象明显，这对于培养学生的观察能力和思维能力具有重要的作用。在初中阶段，学生往往是通过观察操作或思考物理现象和过程来获得知识的。例如，在学习"物体运动"时，如果只是单纯地讲授物体运动的速度，学生会感到枯燥无味。要使学生深刻理解"物体运动"的概念和相关规律，就需要让他们亲自动手实验，学生通过实验总结其中的规律和知识。在学习"声音"这部分内容时，如果只是通过教师讲解的方式，学生很难对声音的特征有深刻的印象。因此，教师可结合实例让学生通过自己动手实验来加深理解。例如，在"声现象"教学中，可以先让学生自己动手制作一些简单的发声装置或乐器，然后根据发声装置或乐器的工作原理及发声规律来探究发声物体及其所发声音的特征。这样做既激发了学生学习物理的兴趣，又培养了学生动手制作和动手操作的能力。又如，在"光现象"教学中，教师可以先让学生观察实验现象后猜想：光照射到固体和液体表面会发生反射，光照射到玻璃和塑料上会发生折射，然后让学生进行实验操作、讨论、分析、总结。这样做不仅能培养学生独立思考、分析问题和解决问题的能力，还能培养学生良好的科学探究素养。总之，在物理实验教学中，教师应鼓励学生积极参与到实验教学中来。

2.2 重视科学探究，促进其他核心素养发展

《义务教育物理课程标准（2022年版）》对科学探究的内涵进行了深入

阐释：科学探究是指基于观察和实验提出物理问题、形成猜想与假设、设计实验与制订方案、获取与处理信息、基于证据得出结论并作出解释，以及对科学探究过程和结果进行交流、评估、反思的能力。科学探究是一个完整的过程，学生在这个过程中可以采用不同的方法。教师应该指导学生掌握科学探究的基本方法，如控制变量法、比较法等。教师还可以利用物理实验中观察到的现象进行假设，然后再进行实验验证。为了更好地培养学生的科学探究能力，教师要精心设计每一次实验。实验时要做好充分准备，要控制变量、设置对照组进行比较分析，教师还可以创设情境让学生提出问题并进行讨论。

2.3 重视实验与社会实践相结合，实现从物理走向生活的教育理念

增强物理实验教学与探究活动的实践性、体验性和探究性是物理课程改革的重要目标。但是，在实际教学中，个别教师和学生对物理实验的重要性认识不够，认为做实验是一件很麻烦的事。在做实验时，有的教师只是象征性地做几个简单的小实验；某些学生也只是完成教师布置的任务，很少自己动手进行探究。要改善这一现状，就要求教师在设计实验时要做到以下几点：第一，选择的实验必须是学生熟悉的、感兴趣的和有一定难度的；第二，根据学生已有的知识和经验设计实验方案；第三，在设计实验时要注重问题情境和问题驱动；第四，在实验过程中要加强与学生的交流和互动。例如，在探究影响滑动摩擦力大小的因素时，教师可以从生活中选取一些生活用品（如桌子、椅子等）进行实验探究；又如在探究影响导体电阻大小的因素时，可以让学生自己设计一个家庭小实验，如用一个灯泡代替电路中的电灯泡。

2.4 重视利用现代教育技术进行实验教学

在实验教学中，要重视利用现代教育技术创设情境，使学生身临其境，从而提高实验教学的效率。在初中电流和电路的学习过程中，教师引导学生完成如何通过小灯泡、开关、电池、导线使小灯泡工作的实验探究，要

引导学生注意不能用导线直接连接电池，不要将过多的电池连接在电路中，以保证实验的安全。根据生活经验，学生知道用导线直接连接电池或将过多的电池连入电路会对用电器造成损坏，但是他们没有直观体验。通过虚拟实验让学生亲自操作，观看灯泡被烧毁的场景，真切地感受到安全用电的重要性。多媒体技术在实验教学中的应用，可以提高学生对物理现象的感官认识，有利于突破教学难点。

3. 基于核心素养的物理实验教学评价

新版课程标准指出，义务教育阶段物理课程的目标是全面提高学生的核心素养，这一目标的实施主体是通过教师的"教"来实现的，这一目标的实施载体是通过学生的"学"来体现的，这一目标的实施效果是通过教师和学生共同的"评"来完成的。"教、学、评"的过程都要围绕着课程目标、核心素养进行设定，要实现"教、学、评"的一致性。物理实验教学是培养学生物理核心素养的重要手段和有效途径，在物理实验教学中同样也要重视"教、学、评"的一致性。目前，在初中物理实验教学中，部分教师对于实验的评价仅限于对学生分组实验的评价，评价学生实验操作过程和实验测量结果，这一结果往往是实验结束后的评价，是对最后结果的评价；而对演示实验、探究实验则没能进行评价，易造成课程评价的缺失。而物理实验教学"教、学、评"一致性是培养学生物理核心素养的内在要求，教师在进行实验教学设置之前，要充分地思考如何才能有效达成"教、学、评"一致性，真正实现学生的全面发展。

二 物理实验教学与物理核心素养

物理核心素养是课程育人价值的集中体现，是物理教育的重要组成部分，是学生学习过程中逐渐形成的适应个人终身发展和社会发展需要的正确价值观、必备品格和关键能力。新版课程标准提出的物理学科核心素养包括物理观念、科学思维、科学探究、科学态度与责任四个维度，为更有效地完成发展学生物理核心素养的课程目标，物理实验教学是重要的突破口，具有不可替代的作用，物理实验教学中处处体现物理核心素养。

实验贯穿整个物理学的发展过程，为物理学科体系的建构提供了科学的研究方法，为物理学知识内容的形成提供了科学的验证方法，为物理学的研究提供了科学的思维方式。因此物理实验赋予了物理这门学科知识内容、教学方法及科学思想，它既是达成科学素养目标的重要途径，也是评价学生核心素养发展情况的重要依据。

1. 实验教学中的物理观念

物理观念从概念角度分类，可以分为物质观念、运动和相互作用观念、能量观念。物理观念从认知角度对物理概念和规律的学习要求有所提升，要求学生从物理学的角度认识物质世界，分析问题及解决问题等，要求学生能够在掌握基础知识、概念、定义和规律的基础上形成物质观、运动观、相互作用观及能量观等物理观念。物理观念的形成过程是动态的目标建立、学业完成和学业质量评价的过程，不仅是对知识内容的理解和应用，还要强调知识的建构、知识与知识之间的关联及知识的整体性，即要先设置实际的问题情境，初步形成物理观念，寻找知识与知识之间的内在联系，构建知识体系，再将物理观念应用到问题情境，完成物理概念及物理规律在大脑中的提炼和升华，最终形成物理观念。图1-2为物理实验中物理观念形成的流程图。

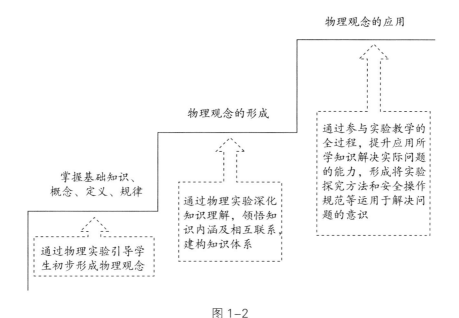

物理观念的应用

通过参与实验教学的全过程，提升应用所学知识解决实际问题的能力，形成将实验探究方法和安全操作规范等运用于解决问题的意识

物理观念的形成

通过物理实验深化知识理解，领悟知识内涵及相互联系建构知识体系

掌握基础知识、概念、定义、规律

通过物理实验引导学生初步形成物理观念

图 1-2

物理学知识体系的建立离不开实验的研究，物理学的研究源于对日常生活中物理现象的观察和总结，再通过实验研究和逻辑思维推导建构学科体系。物理实验教学可以很好地引导学生体会物理知识体系建构的过程，通过物理实验搭建的教学阶梯，可以有效地完成从物理知识的掌握到物理观念的形成再到物理观念的应用。如"质量"的教学中，可以通过一系列简单但生活中常见的实验引导学生从"物质"的角度出发，理解"质量"的概念，领悟"质量"的内涵，学会使用工具测量"质量"，并应用"质量"学习中的方法去进一步学习和理解"密度"，完成"质量"这一物理观念的形成。

具体来讲，对于"质量"一课，教师可以通过航天员在太空作业的图片作为课堂引入并由此提出问题，引发学生思考，让学生以解决问题的心态进入学习状态，开始建构"质量"观念。建构的过程可以通过四个步骤来完成，首先通过物品分类实验，让学生明确"物体"和"物质"的区别，为质量概念的建构做铺垫，初步形成物理观念。之后进行估测实验，引出测量物体质量需要借助工具。再通过实验探究，一步步得出天平的设计原理、结构、功能、使用的注意事项及方法，学生在学习用托盘天平测量物体质量的同时，加深对质量的理解，明确质量是需要通过工具测量得出的。最后通过几个小实验完成对质量是物质的基本属性这一概念的建构，形成物理观念。课程结束时，再请学生回答课程开始时提出的问题，做到学以致用。本节课中所用的实验器材尽量选用学生生活中常见的物体，使学生更容易与实际问题相联系，做到从生活走向物理。

2. 实验教学中的科学思维

科学思维是指从物理学视角对客观事物的本质属性、内在规律及相互关系的认识方式；是建构物理模型的抽象概括过程；是分析综合、推理论证等方法在科学领域的具体运用；是基于事实证据和科学推理对不同信息、观点和结论进行质疑和批判，予以检验和修正，进而提出创造性见解的品格和能力。

物理实验研究中蕴含着科学思维，同时科学思维也指导着物理实验研究的完成，它们是相互作用、相辅相成的。科学思维主要包括模型建构、科学推理、科学论证、质疑创新等要素，这些要素的学习是需要通过物理实验教学推进的。教师在进行物理实验教学设计时，科学思维的发展是渗透在实验的全过程中的，学生通过参与整个实验教学过程，获得从物理学视角认识客观事物的本质属性、内在规律及相互关系的方式方法；并在实验的过程中认识到探究会受到各种因素的影响，学习忽略次要因素、关注主要矛盾的研究方法，完成建构物理模型的抽象概括过程，通过记录实验现象与数据，综合分析，完成科学推理和论证。基于事实论证和科学推理对不同信息、观点和结论进行质疑和批判，并予以检验和修正，如图1-3所示。

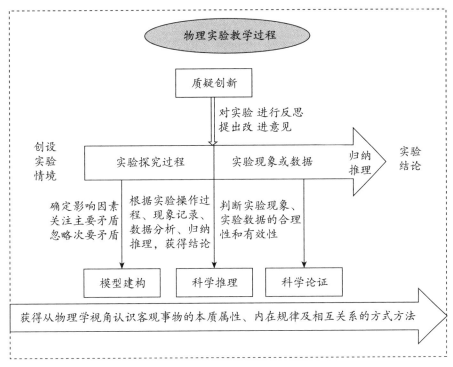

图 1-3

如在"模拟近视眼和远视眼的矫正"的教学过程中，对于眼睛物理模型的建构是教学的难点，通过自制物理实验器材进行实验探究，是进行眼睛物理模型建构的有效途径。再通过一系列的实验探究与教师演示实验，进行证据的收集，完成近视眼和远视眼成因的科学推理及矫正近视眼和远视眼的科学论证。本节课的实验设置蕴含了模型建构、科学探究和科学论证的科学思维，能有效地促进学生科学思维的形成。

对于眼睛的一些知识，学生在生物课上已经学过，所以可以用一段介绍眼睛的视频作为新课引入，让学生学习眼睛结构、成像原理、看清物体的原理和几个常见的距离。本节课可以设计三个分组实验：①体验探究实验——人眼看清远近不同物体的原理；②探究实验——探究近视眼和远视眼的成因；③探究实验——探究近视眼和远视眼的矫正方法。整节课始终通过物理实验来引导学生科学思维的形成，通过水透镜建构眼睛的物理模型，帮助学生将看不见的人眼结构与物理知识建立联系。再通过探究实验过程进行科学推理，收集证据，进行科学论证，最终完成近视眼和远视眼成因及矫正的知识内容的建构，整个实验探究过程处处显现了科学思维的作用，学生亲自经历了实验过程，实践了科学推理、科学论证等思维发展过程。课后可以设置实验项目"测量周围戴眼镜人的眼镜度数"为作业，既丰富了作业的形式，又将课堂所学科学思维应用于解决生活中的实际问题，有效地完成科学思维的发展。

3. 实验教学中的科学探究

新版课程标准增设了"实验探究"这一一级主题，规定了必做的实验内容，下设"测量类学生必做实验"和"探究类学生必做实验"两个二级主题。按照"测量类"和"探究类"对必做类实验进行分类是因为培养学生核心素养的侧重点存在差异：测量类实验侧重于引导学生了解测量原理、学会使用基本仪器，学习实验操作技能和规范，知道测量误差和测量错误的区别并了解减小实验误差的方法；探究类实验侧重于激发学生的兴趣，注重科学探究的过程，体会科学家研究的心路历程，培养学生解决问题能力和创新精神。两类实验相辅相成，共同协作，互相渗透，共同完成全面发展学生核心素养的目标。

物理学科核心素养中的科学探究指基于观察和实验提出物理问题、形成猜想与假设、设计实验与制订方案、获取与处理信息、基于证据得出结论并做出解释，以及对科学探究过程和结果进行交流、评估、反思的能力。

科学探究主要包括问题、证据、解释、交流等要素。两类实验共同完成对学生科学探究能力的培养。

在"实验探究"主题中，不仅探究类实验可以培养学生的科学探究能力，测量类实验同样也肩负了培养学生科学探究能力的责任。如图1-4所示，通过情境设置，无论是探究类实验还是测量类实验，均可以让学生在实验中发现问题，并提出问题，培养学生的问题意识。在"证据"这一要素中，两类实验均需要学生根据实验目的设计实验方案，而测量类实验偏重基本仪器的使用和物理量的测量，探究类实验偏重恰当选择已学实验器材收集数据证据。对于"解释"要素，测量类实验偏重直接或间接测量出结果，探究类实验需要对收集到的现象进行分析总结归纳后得出结论，在误差分析方面的要求相同。对于"交流"要素，都需要具有团队合作意识，能够撰写简单的实验报告。

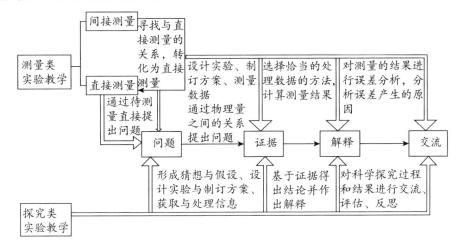

图 1-4

现以"大气压强"教学为例，说明物理实验教学中的科学探究。大气压强是看不见、摸不到的，因此学生对大气压强的概念虽然有一定的了解，但并不确定它的存在。这就需要通过实验让学生亲自感受大气压强的存在，并通过实验探究去解释生活中的大气压强现象。

对于"大气压强"这一实验教学，可以通过一系列学生自主探究实验、学生参与式探究实验、间接测量类实验来建构教学思路，引导学生参与实验教学，领悟理论知识和生活实践的紧密联系。本节课的探究实验可以设计体验式实验探究（感知大气压器的存在）、定量实验探究（间接测量大气压强的数值）、学生自主实验探究（证明大气压强的存在）等，通过设置不同类型的实验探究教学，让学生在探究的过程中，学会提出问题、分析问题、收集证据、记录数据、应用证据或数据分析推理解决问题的能力，很好地促进了学生科学探究素养的发展。课后可以安排自制希罗喷泉作业，这是对学生本节课知识学习、动手操作能力及科学探究能力的再次输出和实践过程，可以有效地帮助学生巩固课堂所学。

4.实验教学中的科学态度与责任

科学态度与责任是指在认识科学本质和了解科学、技术、社会、环境之间关系的基础上形成的，探索自然的内在动力，严谨认真、实事求是、持之以恒的品质，热爱自然、保护环境、遵守科学伦理的自觉行为，以及推动可持续发展和实现中华民族伟大复兴的使命担当。科学态度与责任主要包括科学本质观、科学态度、社会责任等要素。

初中阶段是学生形成正确的世界观、人生观、价值观的关键时期，实验教学是能够使学生通过实践操作去感悟科学态度、社会责任和行为规范的有效途径。通过对物理观念的应用过程，学生可以形成科学看待问题的视角，以科学本质观看待问题；通过实验对知识的探索过程，学生可以体会到科学研究对人类生产生活的重要性，感受到真理是需要实践检验的，检验的过程必须遵循严谨认真、实事求是的科学态度，需要有持之以恒的品质，进而促进科学态度的形成；通过实验证据的采集及分析研究，学生可以养成一丝不苟、精益求精的学习态度；通过获得对生活中物理现象的研究结果，学生可以产生学习的喜悦感，形成乐于探索生活的兴趣，从而热爱生活、热爱自然，具有保护环境的责任等。

以"流体压强与流速的关系"实验教学为例，可以由生活中学生十分熟悉的现象（一阵风吹过，门"砰"地关上）引入，为学生创造了一个情境，引导学生从物理学的视角提出问题，激发学生的好奇心和探究的欲望，也体现了从生活走向物理的课程理念。本节课建议以学生实验为主进行教学，先通过实验探究让学生获得流体压强和流速之间的关系的结论，在探究的过程中通过对实验现象的观察与验证，建立科学本质观及严谨的科学态度。之后在课堂上充分挖掘生活中流体压强与流速关系的实例，通过与实际生产生活相关的"飞机升力"及"流体压强与流速的关系"模拟实验探究，为学生搭建用流体压强与流速的关系解释这些现象的平台，学生在自主实验的过程中，感受实践是检验真理的唯一标准的科学态度，提高日常生活中的安全意识，并形成用所学知识造福人类生活的服务意识。

三　《义务教育物理课程标准（2022年版）》下的实验教学策略与创新

1. 义务教育阶段实验教学现状

义务教育阶段的物理教学更注重学生对概念与规律的认识和理解，研究过程中定性研究偏多；注重学生对日常生活中物理现象的观察和总结，从物理学的角度思考问题，抽象出对应的物理模型，并以模型为载体解决问题，研究的问题多以形象思维为基础，以真实的情境和直观的实验为依据，让学生通过感知获得物理知识。义务教育阶段的物理教学要为高中物理的研究和学习提供研究方法和理论基础。因此，义务教育阶段的物理教师对将物理实验应用于物理教学一直都给予了高度的关注，也进行了一系列的研究，但在具体实践的过程中也存在很多局限性。

（1）物理实验教学模式的局限性

大部分教师愿意应用实验进行教学，但由于课堂时长有限、考试压力、教师理念等原因使得实验教学模式过于单一。教师在教学过程中为节约时间，通常将实验过程直接为学生演示一遍，通过语言将本应由学生观察获得的实验现象及分析得到的实验结论表述出来，削弱了实验在培养学生核心素养方面的作用和价值。对于学生必做实验，教师担心学生在实验过程中操作有误、不认真参与实验、形成错误观念不能及时发现并纠正，进而影响考核结果等问题，采用程序化的操作步骤进行管理式教学，使学生对原本喜爱的动手式学习方式产生抵触情绪，使实验教学丧失了在教学中的优势。

（2）教师在物理实验教学教育理念方面的局限性

传统的教学理念注重"知识的传承"，认为教师是知识的传授者，学生是知识的接受者，这样的理念在很长一段时间里影响着教师教育理念的形成，使一部分教师形成了有知识本位的教育理念，对物理实验教学重视度不高。此外，虽然近年来各级教育主管部门提高了对实验室硬件设施的建设，强调了实验教学的重要性，但由于大部分中学没有专职的物理实验教师，致使教师受时间所限无法为学生准备充足的实验课程。

（3）教师对核心素养的理解存在局限性

《义务教育物理课程标准（2022年版）》明确指出了物理学的核心素养要素为物理观念、科学思维、科学探究、科学态度与责任，很多教师在实践的过程中，观念还停留在对"三维目标"的理解上，没有理解核心素养的内涵，没有意识到物理实验教学对核心素养发展的关键作用，仅仅把物理实验看作一种教学手段，忽略了物理实验中蕴含的核心素养内容，缺乏主动选择合适的实验器材、教学方法凸显物理实验教学中核心素养的意识，甚至会认为由于学校教学资源不足，很多实验不能被有效实施，没有研发、自制实验器材替代专业实验器材的意识，造成了物理实验教学在培养学生核心素养方面浮于表面。

（4）评价方式的局限性

初中对于物理实验教学的评价大多仅限于学生实验方面，且多采用批改实验报告的方式进行评价，虽然在评价的过程中融入了过程性评价，但多流于形式，不能对学生核心素养发展进行有效评价。此外，对于演示实验和课堂探究实验的教学效果基本没有进行评价。教师没能在教学过程中针对不同的教学内容和教学目标进行教学评价，对于物理实验教学没有做到"教、学、评"的一致性。

（5）学生对实验教学认识的局限性

学生在正式学习物理之前，在小学科学课程中接触过一些简单的实验教学，对于物理实验没有系统、全面的认识，且长期以来的学习习惯让学生对实验的学习多限于对实验操作过程、实验器材的使用、实验现象的记忆，认为演示实验就是活跃课堂气氛。学生对于物理实验教学认识的局限性使实验在教学中不能发挥促进学生核心素养形成的作用，需要教师在教学过程中改变学生对实验教学的认识，教会学生通过实验学习、感悟、培养物理学科核心素养。

2. 教学策略及创新思路

（1）深挖实验中蕴含的核心素养，设计基于学生核心素养发展的物理实验教学

物理学科的育人价值是基于物理学是一门以实验为基础的自然学科提出的，物理实验教学与物理核心素养是相互作用的，物理实验教学中蕴含核心素养的内容，学生核心素养的发展为物理实验教学设计提供理论和实践依据。物理概念和规律的确立离不开物理实验的验证，物理实验教学的实施能够帮助学生体会科学知识的建立过程，从而形成物理观念；科学思维的载体是物理实验，物理实验教学是学生科学思维形成的平台；科学探究的过程是物理学实验研究的过程，通过物理实验探究，学生亲历实验探究的过程，学会应用实验探究解决实际问题，发展科学探究能力；科学态度与责任是物理实验探究的品质，通过物理实验探究，学生可以感受科学家实验过程中的心路历程，促进科学态度和正确价值观的形成。因此，新课程改革中的实验教学设计需要深入研究每一个知识内容背后的实验探究过程及物理学史内容，深入挖掘对应实验中蕴含的核心素养，选择恰当的教学方法和手段，设计基于物理学科核心素养的物理实验教学，让学生能够在课堂实验教学的潜移默化影响下发展核心素养。

（2）充分利用新科技方法，完善物理实验教学的内容及手段

新版课程标准不仅对实验在教学中使用的数量、频次、场景、有效性等提出了更高的要求，还要求教师不断深挖教学资源，完善物理实验教学的内容及手段，而新科技方法可以很好地实现这一目标。新课程改革中的物理教学，为更好地完成全面发展学生核心素养的教学目标，在教学中用真实的实验为学生搭建学习平台，提高学生学习的有效性。但在实际教学中，并不是所有知识内容都能够通过真实的实验为学生展示，而这些知识内容往往是生活中难以观察的、比较抽象或需要较强逻辑思维建构的现象，增加了学生的认知难度。很多这样的知识内容最终都以教师的讲解和学生的直接记忆完成教学，达不到新版课程标准要求的核心素养发展的教学目标、注重实验探究及教学方法多样性的教学建议等。基于此，教师在教学中可以利用新科技手段拓展实验教学资源。

①虚拟现实系统的应用

利用虚拟现实系统为学生搭建虚拟教学平台，可以解决实验具有危险性不便于操作（如电路实验中，模拟电器使用不当产生的危险场景）、实验情境不便建构（如月球表面的万有引力）、实验不具有重复性（如核反应现象）、实验时间过长（如固体分子间引力的演示）等实验教学面临的现实问题。借助虚拟平台模拟的实验情境，学生可以直观地感受和观察这些物理现象，从而完成核心素养的培养。

②传感器的应用

物理量的测量是物理实验教学的重要内容，是学生需要掌握的重要基础知识，是学生进行实验设计和实验探究的基础；同时物理量测量中的误差分析及处理也是学生需要掌握的重要科学思维、科学研究方法及科学探究要素。应用传感器完成物理量的测量可以提高实验测量的精度，减小实验误差；可以测量传统工具不易测量的物理量，如需要瞬间捕捉的物理量（最大静摩擦力）、变化的物理量（电容器充电过程中电流）的变化情况等；

可以直接测量传统器材需要间接测量才能得到的物理量，如物体运动速度的大小、电阻阻值的大小等。在实验教学中利用好传感器，可以帮助学生定量地观察物理量的变化过程，促进对物理知识内容的理解，有助于物理观念的形成；可以减小实验测量误差，增强学生的实验成就感，提高学生的探究意愿；可以提高探究实验的效率，缩短实验教学时间。

③多媒体教学系统的应用

多媒体教学系统是教师教学中最便于使用的一种教学资源，针对一些大型实验设备完成的实验项目、学校里无法实现的实验项目等，教师可以选择合适的时间或地点亲自录制，也可以搜集电视台科技类节目、航天员太空课程、体育资料等视频内容在课堂上播放，建构教学情境，增加学生对知识的感性认识。

（3）合理利用"跨学科实践"主题教育，应用"大单元"教育理念，引导学生自主创新实验，发展学生核心素养

"跨学科实践"是新版课程标准新增的一级主题，也是课程内容的重要组成部分，要求占比不少于总课时的10%，与其他四个主题的内容密切相关。其三个二级主题"物理学与日常生活""物理学与工程实践"和"物理学与社会发展"的设置表明跨学科实践与日常生活、工程实践及社会热点问题密切相关，注重跨学科性、实践性和时代性，旨在发展学生跨学科运用知识的能力、分析和解决问题的综合能力、动手实践的操作能力，培养学生积极认真的学习态度和乐于实践、勇于创新的精神。跨学科实践不是知识内容的简单拼凑，而是基于实践的深度融合，是对所形成的核心素养的综合应用过程，是"大单元"教学理念的具体实践。借助"跨学科实践"主题教育，设置以项目体验式教学为主的"大单元"教学实践内容，引导学生应用所形成的物理观念寻找主题教育中的物理问题，建构物理模型，选择恰当的实验器材，应用合适的科学研究方法设计自主创新实验进行科学探究，收集证据，用逻辑思维分析、解决问题。学生设计的自主创新实

验是对课堂教学的有效补充，是学生核心素养的整合输出，是使学生核心素养螺旋式上升的有效手段。学生通过自主创新实验对实际问题进行研究，能够沉浸式地体验科学家的研究过程，认识到物理学是基于观察、实验、推理而形成的对自然现象进行描述与解释的学科，体会到物理学对人类生产生活发展的促进作用。学生应用自主创新实验解决问题，能够增强学生学习的成就感，提高学习兴趣，并培养学生实事求是和严谨的科学态度。"大单元"主题实践活动是以小组合作的形式完成的，能够提高学生与他人合作的能力。此外，探究主题是日常生活、工程实践及社会热点问题，能够让学生通过实践研究结果树立安全意识、环保意识、可持续发展的责任感和实现中华民族伟大复兴的使命感。

（4）因地制宜，选择和设计符合学生认知发展的实验器材

实验器材的选择是物理实验教学设置的重要内容，是学生学习物理实验的第一步。合适的实验器材能够让实验现象更加明显、让实验数据更加精确、让实验操作更加简易、让研究思路更加清晰、让实验结论更加可靠。虽然新版课程标准中给出了实验器材的选择建议，但根据学生所处地域环境、教学资源差异、学情等因素，有时教师选择学生熟悉的生活材料设计、自制实验器材，更有助于拉近学生与物理知识之间的距离，体现"从生活走向物理"的教育理念。

（5）采用多样化教学方法，融入自制实验器材，创新发展测量类实验教学

对于测量类实验教学，教师大多按照传统的策略进行教学，按部就班地为学生介绍实验器材，总结实验操作注意事项，教会学生实验操作步骤，带领学生计算数据，完成实验误差分析。在此过程中，教师忽略了测量类实验测量工具、测量方法、测量理念的研究和发展过程的教学，没有将观念的形成、科学思维等素养的培养融入实验教学。在测量类实验教学中，可以采用设计自制教具，让学生身临其境地体会基本物理量测量的探究过

程。设计和自制实验器材时，学生需要考虑应用什么原理来设计测量工具，从而提高科学探究能力和逻辑思维能力；学生需要思考如何改进测量工具以减小测量误差、提高实验的精度，进而加深了对实验室测量工具产生误差的理解，提高了分析误差的能力，有助于形成严谨、实事求是的科学态度；学生需要设计测量步骤，完成数据测量，培养了动手操作的实践技能。因此，教师在进行测量类实验教学的设计时，不能单纯地追求实验器材的正确使用和数据的精准测量，而是要采用恰当的教学方法设计合适的实验器材，帮助学生深入理解物理量测量的真谛，在以后的探究实验中能够更好地应用所学实验技能完成实验的探究过程。

新一轮课程改革逐渐深入，初中物理教师要注重核心素养与物理实验教学的结合，明确初中物理实验教学的设计与创新要以核心素养发展为基础，优选实验教学内容，深入挖掘实验教学，建立与核心素养的联系，合理选择和自制实验器材，注重数据的处理过程，采用多样化的教学方式，利用新科技教学手段，在建构学生知识体系的同时完成学生核心素养的全面升华与发展。

第二部分

实验教学创新案例

创新案例1　地球上的水循环

江西省赣州市第一中学　揭梦昀

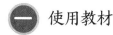 **使用教材**

本节实验教学案例选自《义务教育教科书　物理　八年级　上册》教科版第五章第4节"地球上的水循环"。

1. 教材分析

本节内容位于汽化和液化之后，是汽化、液化、熔化和凝固物理知识的延续。学生在已学习前四个物态变化过程的基础上，以各种形态的水为主线，学习升华和凝华的知识，对整个物态变化过程进行完善与补充。通过分析地球上的水循环过程还可以对本章中的六个物态变化过程进行总结与归纳，加深学生对六个物态变化过程的理解。

2. 课标分析

对于本节内容，新版课程标准要求教学中能运用物态变化知识，说明自然界中的水循环现象，了解我国和当地的水资源状况，有节约用水和保护环境的意识。

3. 学情分析

八年级学生正处在形象思维向抽象思维过渡的时期，学习的动力大多来自他们的学习兴趣。物理教学应以实验为基础，将直观的物理现象和物理知识相结合，加强学生的亲身体验，把学生对物理现象的认识与物理知识结合起来。在前面的学习中，由于学生已经学习过其他四种物态变化，且对生活中的一些现象有一定的认识，也具备观察和分析能力，有利于帮助学生学习本节课内容。

 实验教学目标

结合学情和新版课程标准的要求，确定以下四个维度的教学目标。

物理观念：建立升华、凝华的概念，能说出生活中一些与升华、凝华的有关现象。

科学思维：学生进一步认识自然界中水的各种形态变化；能用物态与物态变化的知识对自然界中的水循环现象进行解释；尝试对环境问题和水资源问题发表自己的见解。

科学探究：能够通过实验探究过程得出升华、凝华的吸、放热情况。

科学态度与责任：通过对水资源现状的了解，认识到水资源的珍贵，树立节水意识、强化对水资源的保护意识。

三 实验教学重难点

重点：升华和凝华。

难点：建立水循环的大图景，并把水循环与各种物态变化联系起来。

四 实验创新与教学

1. 实验创新与教学一

激趣游戏——吹气球大比拼，引发认知冲突

实验效果 内部结构

谁将赢得吹气球比赛？

实验创新：利用干冰受热升华成气体时，体积会膨胀为原来的800倍，可以迅速将气球吹大，激发学生的学习兴趣。

图1 实验一原理图

（1）实验设计思路

通过学生与神秘"嘉宾"（干冰）吹气球大比拼游戏，调动学生学习积极性、趣味性，设置悬念。

（2）实验创新要点（见图1）

自制演示教具：在蓝色的盒子里面放入一个烧杯，烧杯里用木块固定一个锥形瓶，锥形瓶中装有一种神秘的白色物质（干冰），在烧杯中加入热水使干冰充分受热，利用干冰充分受热升华成气体时，体积膨胀为原来的800倍，可以迅速将气球吹大，激发学生的学习兴趣。

（3）实验原理

锥形瓶中的干冰受热升华成气体时，体积会膨胀为原来的800倍，可以迅速将气球吹大。

（4）实验器材

锥形瓶、烧杯、干冰、盒子。

（5）实验教学过程

实验由学生推选的肺活量最大的男生和一位神秘"嘉宾"共同完成；神秘"嘉宾"只露出一个吹气球的大口，身体由蓝色盒子加盖紧紧包裹。将气球套在瓶口，会发现神秘"嘉宾"实力不俗，肺活量奇大，能在短时间内将气球迅速吹大，甚至有可能赢得比赛。神秘"嘉宾"到底是谁？随着蓝色盒子缓缓转身，原来是锥形瓶内的白色物质在大烧杯的热水中充分受热，从而产生气体使气球膨胀。那白色物质又是什么呢？为什么一受热就会产生大量的气体？至此成功激发学生的求知欲，为进一步的探究做好铺垫。

（6）实验效果与评价

通过自制本演示教具，加入热水使干冰充分受热迅速升华把气球迅速吹大，甚至可能比学生在相同时间内吹得更大。在引入本节课时做此演示实验能成功地激发学生的求知欲，为讲授升华与凝华知识做好铺垫。

2. 实验创新与教学二

水浴法加热与冷却樟脑丸，探究物质升华吸热、凝华放热的规律

（1）实验设计思路

先让学生分组进行碘锤的升华与凝华实验（见图2），帮助其建立升华、凝华的概念并提出猜想——碘升华吸热、凝华放热的感性认识。再利用水浴法加热与冷却樟脑丸（见图3），借助温度传感器与数字温度计实时直观显示实验现象。具体操作过程为：将两个规格相同的数字温度计的探头分别放在两个规格相同的锥形瓶中，其中左边的锥形瓶中放几个樟脑丸，右边的锥形瓶中没有放樟脑丸作为对照组，读出初温，然后给这两个锥形瓶水浴加热，比较樟脑丸升华过程中两个锥形瓶的温度示数高低。

持续加热，待两个锥形瓶中的温度趋于稳定，示数基本接近相同时，给这两个锥形瓶加冰水降温，观察两个锥形瓶中的温度示数的高低，通过两次温度对比，探究得出升华吸热、凝华放热的规律。

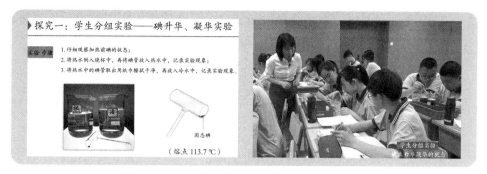

图 2 实验二 学生碘锤的升华、凝华分组实验

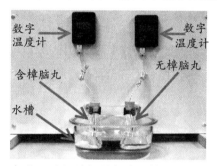

图 3 实验二 水浴法加热与冷却樟脑丸实验装置图

（2）实验创新要点

大部分教师通常会做验证升华吸热的实验，而较少进行凝华放热的探究。其中一个原因是大部分教师会选择用碘进行实验，但该实验现象不明显，甚至会出现相反的实验数据。针对这一问题，本实验将碘换成樟脑丸，并经过反复实验比较，最终利用高纯度的樟脑丸取得了较好的实验效果。另一个原因是很难做到在凝华放热前，两个锥形瓶中的初温相同。针对这一点，本实验水浴加热 5 分钟左右，樟脑丸升华便接近饱和，此时两个锥形瓶中的温度基本和水温保持一致。再给水槽置换成冰水，进行凝华放热的实验，这样便得到了凝华放热的直观数据。

（3）实验原理

当给两个锥形瓶水浴加热时，装有樟脑丸的锥形瓶中因为升华吸热，会比没有装樟脑丸的锥形瓶中的温度更低。

当给两个锥形瓶加冰水降温时，装有樟脑丸的锥形瓶中因为凝华放热，会比没有装樟脑丸的锥形瓶中的温度更高。

（4）实验器材

樟脑丸、数字温度计、锥形瓶、玻璃容器。

（5）实验教学过程

通过学生分组实验观察碘在热水中的升华和在冷水中的凝华现象，大部分学生会得到升华吸热、凝华放热的初步猜想。为了进一步验证学生的猜想是否正确，选用两个规格相同的数字温度计，它们的感温探头分别放在两个相同的密闭锥形瓶中，左边的锥形瓶中放了几个樟脑丸，右边的锥形瓶中没有放樟脑丸作为对照组。实验前，左边锥形瓶初温是 30.8 ℃，右边锥形瓶中的初温是 30.9 ℃（见图 4 甲），在误差允许范围内可以认为初温相同。将两个锥形瓶放在同一个水槽中，并向水槽内加入约 90 ℃的热水。大约 1 分钟后，左边有樟脑丸的锥形瓶中的温度变为 50.4 ℃，右边没有樟脑丸的锥形瓶中的温度变为 58.5 ℃（见图 4 乙）。实验表明，水浴加热后，在初温相同的条件下，左边装有樟脑丸的锥形瓶中的温度较低。通过直观的实验数据，学生很容易得出因为樟脑丸升华吸热，使装有樟脑丸的锥形瓶中的温度较低。由此得出物质升华需要吸热的规律。

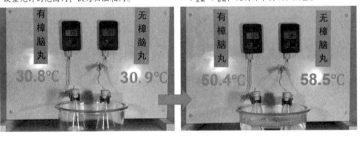

图 4　实验二 水浴法加热樟脑丸实验效果对比图

升华饱和后，两个锥形瓶中的温度趋于稳定，此时左边温度为

54.1 ℃，右边温度为 54.1 ℃，示数相同（见图 5 甲）。将这两个锥形瓶放入同一水槽中加冰水降温，一段时间后，左边降为 27.8 ℃，右边降为 15.8 ℃（见图 5 乙）。此时装有樟脑丸的锥形瓶中会比没有装樟脑丸的锥形瓶中的温度高，由此得出物质凝华要放热的规律。

图 5　实验二 水浴法冷却樟脑丸实验效果对比图

3. 实验创新与教学三

霜和露的形成原因

（1）实验设计思路

通过直观的实验现象：同一个易拉罐上形成霜和小水珠，引导学生进行思考，并借助温度传感器与数字温度计测量瓶壁上的温度，解释水循环中霜和雨的形成原因。

（2）实验创新要点

本实验借助数字温度计测量不同区域的温度，让学生对霜和露的形成原因有了正确的认知。

（3）实验原理

易拉罐瓶壁上方的温度和下方的温度不同。上方的温度高于 0 ℃，水蒸气遇冷液化成小水珠；而下方的温度低于 0 ℃，水蒸气遇冷凝华成霜。

（4）实验器材

数字温度计、黑色易拉罐、干冰。

（5）实验教学过程

水蒸气在什么条件下液化成小水珠，什么条件下凝华成霜是学生的认知盲区。为了让实验贴近生活，让学生亲自体验，向易拉罐中加入半罐干冰。经过观察发现，一段时间后，在易拉罐的外壁下方形成了霜，在上方还有一些小水珠附着。引导学生用手去触摸瓶壁上有霜的位置和有小水珠的位置，感受它们在温度上的差别。学生得到初步结论：瓶壁上方的温度和下方的温度不一样，上方的温度较高，水蒸气遇冷液化成小水珠，而下方的温度较低，水蒸气遇冷直接凝华成霜。为了验证学生的猜想，将数字温度计的感温探头放在有小水珠的瓶壁上，发现这里的温度会高于 0 ℃。接着将感温探头放在下方有霜的位置，发现温度能达到 -30 ℃，从而验证学生的猜想是正确的，形成正确的认知（见图 6）。

实验创新：本实验借助数字温度计去测量不同区域的温度，对霜和露的形成原因有了正确的认知，从感性认识到科学验证，有利于培养学生的科学思维和物理核心素养。

图 6　模拟霜和露形成的实验

4.实验创新与教学四

自制水循环系统，可以模拟雾、露、雨、霜的形成过程（见图 7、图 8）。

图 7　自制的水循环模拟系统模型部分

（1）实验设计思路

为帮助学生形象地了解地球上的水循环过程，自制个水循环系统，模拟自然界中雾、露、雨、霜的形成过程。

电磁继电器　　　控制器

图 8　自制的水循环模拟系统电路部分

本实验器材操作说明：

使用前请先给水槽内注入 1.5 cm 高水位。

每个主控的 USB 口右侧的按键是复位键。

复位键：用于将程序复位到初始状态，如出现异常需要急停，可按复位键。

左侧的主控为程序控制板，右侧的主控为温度显示板，当温度显示异常时，点击右侧的主控板上的复位键即可显示正常。

①先将两根蓝色 USB 线插在两个主控上并接通手机充电器。此时两个主控上红灯亮起。

②将三头插头通电。此时 9、10、11、12 号继电器（见图 8）灯亮。

③将两头插头通电。此时缸内小太阳灯亮。

④开盖延时等待 15 分钟。直到淋雨器上长满丰厚的霜。

⑤点击雾按钮。此时 8 号继电器灯亮，蒸发器开始加热，90 秒后熄灭。

⑥点击雨按钮。12 号继电器熄灭。8 号继电器灯亮，120 秒后熄灭。（继电器灯亮表示通电）

⑦点击露按钮。10、11、12 号继电器熄灭。

当温度小于 38 ℃时，8 号继电器通电，水槽加热。

当温度大于 38 ℃时，8 号继电器断电，水槽停止加热。

⑧当温度大于 10 ℃时，8 号继电器熄灭，2 号继电器灯亮，3 秒后 10 号继电器灯亮。

当温度小于 10 ℃时，8 号继电器灯亮，10 号继电器熄灭，5 秒后 2 号继电器熄灭。

⑨点击霜按钮，1 秒以后。

当温度大于 –23 ℃时，2 号继电器灯亮，11、12 号继电器熄灭。

温度小于 –19 ℃时，11、12 号继电器灯亮，2 号继电器熄灭。

（2）实验创新要点

该实验的创新在于将控制器、图形化编程、电磁继电器和制冷系统相结合，自制水循环模拟系统，呈现自然界中的霜、雨、雾、露的形成，模拟地球上的水循环过程。实验现象明显，化抽象为直观，实验创新度高，有利于培养学生的创新意识。

（3）实验器材

自制水循环模拟系统。

（4）实验教学过程

①现场模拟霜和雨的形成过程

对于学生而言，宽广的大自然和春夏秋冬的交替，难以把霜、雨、雾、露的形成在同一时空呈现。地球上的水循环不够直观，为此，以教材上的地球水循环示意图为模型，自制水循环模拟系统（见图 9），可以很好地解决这个问题。

利用蒸发皿来模拟海洋，在蒸发皿下部装有加热器，用来加热蒸发皿中的水，产生水蒸气。黄色区域模拟陆地，陆地中间蓝色区域模拟湖泊，在陆地上空安装了冷凝管和雨刷来模拟云层，斜坡下的管道来模拟地下河。陆地上面还有小孔，水可以通过小孔渗透到地下管道中。最高处有一根制冷管道用来模拟高山。

二、地球上的水循环　实验模拟：地球上的水循环

冷凝管
雨刷
模拟陆地
蒸发皿：模拟海洋
模拟地下水

图 9　自制的水循环模拟系统示意图

在容器内部有电磁继电器来控制冷凝管，连接着空气压缩机进行制冷降温，可以达到零摄氏度以下。数字温度计可以实时显示出系统内部温度，这四个按钮（见图 10）可以分别控制雾、露、雨、霜的形成。

雾露雨霜

图 10　雾、露、雨、霜按钮装置

先向蒸发皿中倒入热水，并启动装置，空气压缩机开始工作，给"云层"和"高山"制冷降温。可以看到在"高山"上和"云层"中已经形成了小冰晶（见图 11）。

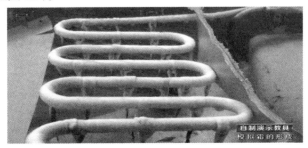

自制演示教具
模拟霜的形成

图 11　模拟霜的形成

接下来模拟雨的形成。

点击"雨"的按钮，启动雨的模式。

加热器开始给蒸发皿中的水加热，大量水汽化成水蒸气，这些热的水蒸气进入温度低的"云层"中会液化成小水珠，同时冷凝管上的小冰晶也会开始熔化。小水滴越聚越多、越聚越大，降落下来变成"雨"（见图12）。这些雨水一部分直接从斜坡流下，流入湖泊、河流中，另一部分会通过小孔渗透到斜坡下的地下暗河，最终都回到了海洋中。

图 12　模拟雨的形成

②视频展示露和雾的形成过程

展示提前拍下的雾（见图 13）和露（见图 14）形成过程的视频。

图 13　模拟雾的形成

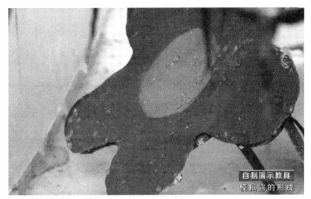

图 14　模拟露的形成

③多种形式提升学生社会责任感

　　为了培养学生的节水意识，保护水资源，我们组织学生赴水务公司进行参观学习（见图15），在学校还开展了节水倡议书、主题班会和学生进社区宣传活动（见图16）。

图 15　组织学生赴水务公司进行参观学习

图 16　开展节水倡议书，主题班会和学生进社区宣传活动

（5）实验效果与评价

本节课遵循学生的认知规律，体现了从生活走向物理，从物理走向社会的新课程理念。

专家点评

"地球上的水循环"案例教学，从生活中学生常见的自然现象出发，设计和创新实验项目，并通过阶梯性的实验设置，将整节课的学习内容串联，最后再回归到地球上的水循环的研究实践中，在探究的过程中完善学生原有知识体系构建，发展学生核心素养，充分地体现了"从生活走向物理，从物理走向社会"的课程理念。

1. 实验创新点及优点

本节课的教学设计和实验创新充分地考虑了新课程改革的要求，共设置了四个实验项目，教师不但在每个独立实验上进行了创新，在整节课的教学过程中，还按照从具体到抽象、从宏观到微观、从特殊到普遍的认知过程对每一项实验进行了阶梯状设置，以期发展学生的科学思维。

干冰吹气球比赛，引发学生的学习兴趣。在比赛的过程中，先将装有干冰的锥形瓶放在盒子里，让学生思考为什么气球会被迅速吹大，使学生产生好奇心，从而发展学生发现问题、提出问题的能力，为物理观念的形成做好铺垫。通过对比赛失败原因的探究，也使学生对用科学解释生活中的现象产生了兴趣，愿意对本节课的知识内容进行学习。

对于验证升华吸热、凝华放热，传统实验通常采用碘锤让学生观察升华、凝华现象。教师为使学生能够从定性、定量两个角度同时对升华、凝华现象进行探究，选择樟脑丸进行定量实验探究，使实验现象和结果更加稳定。通过温度传感器测量温度，使学生能够更加直观地观察到升华吸热、凝华放热的现象，不再是单纯的感性认识。通过水浴加热的方法使樟脑丸升华接近饱和，解决了在凝华放热前两个锥形瓶中的初温很难相同的问题，有效地使学生完成凝华放热的探究，从而完成建构升华和凝华物理模型的过程。水浴法加热与冷却樟脑丸的实验设计成功地帮助学生完成了升华与凝华物理概念和规律的内化。在实验探究的过程中，学生全面搜集了证据，通过数据的记录和对比研究，证实了升华吸热、凝华放热的物理规律，促使学生养成尊重事实、实事求是的科学态度。

霜和露的形成，是学生在生活中非常熟悉的物理现象，但有时学生并不能应用所学解释水蒸气液化成小水珠和凝华成霜的条件区别。本实验教学案例中，教师采用简单、易操作的方法使学生在同一个易拉罐上同时观察到霜和露的出现，在感觉奇妙的同时，引发学生的认知冲突。通过对实验条件的分析，让学生对液化和凝华的条件有了简单的感性认识。再用温度传感器测量易拉罐瓶上不同位置的温度，使学生能够定量的观察和对比实验结果，通过逻辑思维推导，完成物理观念的建立。同时，在对比分析液化和凝华形成条件区别的过程中，学生将前面构建的液化、凝华物理模型应用到解决实际问题中，有效地完成了知识的内化和迁移。此外，对霜和露形成原因的实验探究，也为引导学生对水循环系统的探究和实践做好了铺垫。

"地球上的水循环"一课属于新版课程标准内容一级主题"物质"下二级主题"物质的形态和变化"的内容，所涉及的学科知识内容与自然现象及日常生活联系紧密，要求学生能够应用物态变化的知识，结合有关天气现象，如云、雨、雪、冰、霜、露的形成原因等说明自然界中一些水循环现象。教师将控制器、图形化编程、电磁继电器和制冷系统相结合，自制水循环模拟系统，来呈现自然界中霜、雨、雾、露的形成，模拟地球上的水循环过程。实验融入了编程及新科技手段，缩短了雨、雪等天气漫长的形成时间，使现象更易获得，效果也更加明显。实验设计进一步加强了学生对知识的内化和迁移。通过对水循环过程的观察和证据的搜集，引发学生思考如何节约用水，提高学生的环境保护意识，树立正确的价值观。

本课涉及的四组实验均选取学生身边的常见物品作为设计与进行实验的基本材料，增加了学生对实验展示内容的熟悉度和亲切感；选择学生熟悉的生活情境作为实验的设计主题，丰富了教学情境和教学趣味性；通过以问题为引导的探究模式作为实验教学的主要方法，发展学生的科学探究素养，促进学生完成知识的内化与迁移。其中两项探究实验由定性演示改为定量探究，提高了学生对原有实验结论的认可度，完善了学生逻辑思维的构建。实验创新贴合学生日常生活的感受，能够紧扣学生理解困难的关键点。水循环系统的实验探究，将物态变化知识内容综合应用到实验的研究过程中，促进学生综合应用所学知识解决实际问题能力的发展。课后，组织学生赴水务公司进行参观学习，在学校开展节水倡议书、主题班会和学生进社区宣传活动，融入了STSE的教育观念。

2. 实验的不足和改进

本节课的实验创新围绕贴近生活、贴近自然进行设计，将与物态变化相关的自然现象通过实验的形式展现给学生，但日常生活中相关的物理现象较多，学生存在生活经验有限和认知片面等问题。针对这些问题，教师虽然设计了相应的实验内容，但在教学过程中的问题引导稍显不足。若学生问题意识不强、观察能力有限，就不易将注意力集中在问题的关键点上，不能够有效完成实验探究的教学目标，学生也很难完成深度学习。建议教师在实验设计和教学的过程中，设计有层次、有深度的问题，这样能够有效地促进学生兴趣的产生，促进学生科学思维的发展，增强学生的探究意识，发展学生搜集证据及分析总结等能力。

本节课涉及的教学内容为物质状态的变化，传统实物演示仍存在一些局限性，可以应用3D虚拟现实技术模拟江、河、湖、海水的蒸发，雪花、冰雹的形成，结合实物实验器材更加形象直观地为学生展示地球上的水循环。

3.教学中的注意事项

本节教学内容与自然界和人们的日常生活联系紧密，实验创新和教学设计的过程中要始终牢记"从生活走向物理，从物理走向社会"的教育理念。在实验创新设计和教学过程中应注意物理情境的设置，既要能够引发学生的兴趣，又要贴近生活。教学过程中要注意探究实验的设置，要以科学知识为载体，要让学生在探究的过程中完成物理观念的形成，让学生通过实验经历从具体到抽象、从宏观到微观、从特殊到普遍的认知发展过程。

本节知识内容学生在小学阶段有过学习经历，由于小学阶段没有对概念进行界定，学生头脑中可能会存在前概念，建议教师在进行教学前可以对学生的前概念进行测量，有的放矢地进行实验创新和设计，促进学生在课堂上完成深度学习。

本节课教学方法以探究为主，在教学过程中教师要积极引导学生开展自主学习、小组讨论、实验探究、自我评价等形式多样的活动，从而促进物理观念的形成、科学思维的发展和探究能力的提高。

创新案例2　摩擦力

上海市复旦大学第二附属学校　郑晓凤

一　使用教材

本节实验教学案例选自《义务教育教科书　物理　八年级　第一学期》沪教版第三章3.5节。

二　实验器材

情境引入："不想分开的书"

材料：两本科学书、绳子、木棍、工程梯。

实验1　自制摩擦力方向演示器材

自制实验器材：摩擦力方向演示器

材料：集成电路板、点阵显示、两片正反向弯曲传感器、海绵泡沫、木板等。

实验2　自制探究影响滑动摩擦力大小的因素演示器材

自制实验器材：滑动摩擦力大小演示板

材料：两个力学传感器、数字显示屏、电机、学生可调稳压电源、面板、小木块、长木板、钩码、橡皮筋、电脑及实验软件等。

课后分层实践作业　写字机器人

材料：集成电路板、舵机、扩展板、杜邦线、支撑件、白板笔、海绵擦等。

 实验创新要点及改进要点

实验1 自制摩擦力方向演示器材

功能：演示静摩擦力、滑动摩擦力的方向，如图1、图2所示。

图1 初始状态　　　　　　　图2 在长木板上由静止到下滑

"摩擦力方向演示器"帮助我们从以下几个方面突破本节课的难点：

（1）将抽象的力的方向转换成具体的刷毛弯曲，结果可以实时显示，直观性强。

（2）在练习过程中，学生可以根据LED显示的结果进行反思和自我评价。

（3）刷毛受到摩擦力的作用发生弯曲，这与先前学习的知识"力可以使物体发生形变"相联系，建立知识间的关联，用旧知助学新知。

（4）跨学科综合素养的培养，着眼于学生未来的发展。利用单片机制作的摩擦力方向演示器，为跨学科的综合性知识的学习提供思路。班级中有许多学生已选修校内的大劳技课程"单片机DIY社团"，学生有意愿将自己在物理学习上的思考与社团所学相结合。

实验2 自制探究影响滑动摩擦力大小的因素演示器材

功能：可以探究接触面积、速度、压力、接触面粗糙程度、重力等多种因素是否对滑动摩擦力大小产生影响，如图3、图4所示。

图3 正面　　　　　　　　图4 背面

探究影响滑动摩擦力大小因素演示板（以下简称演示板）帮助我们从以下几个方面突破本节课的重点。

（1）可以进行基础实验，探究接触面粗糙程度、压力、接触面积、速度等是否影响滑动摩擦力的大小；还可以开展拓展实验，在压力和重力不同且发生变化时，分别探究压力或者重力是否影响滑动摩擦力的大小。

（2）该套装置可以非常好地完成实验教学目标，而且操作简单、数据精确、显示清晰。

（3）继承了传统实验探究中对压力、接触面粗糙程度、接触面积等影响因素的探究方法，又通过改进和创新，进一步探究速度、重力是否影响滑动摩擦力的大小。

整个实验装置的设计和改进，从学生的疑问出发，引发学生进行改进方案的思考，实验器材的改进思考进一步加深了学生对实验探究方法和实验过程的理解。

实验改进和创新点：

（1）速度可调。除了可以实现匀速直线拉动以外，通过外接稳压电源实现3种及以上不同的速度。

（2）自制DIS显示结构。此装置可以采集拉力的值，由二力平衡的知识可知 $F_{摩擦力}=F_{拉力}$，利用转换法将摩擦力的大小转换成拉力的大小。还可以采集小木块对接触面压力的值，直接显示在显示屏上，方便观察、记录及后面的数据处理。最大程度将数字信息化服务于我们的教学，让物理实验更加真实、可靠、科学与严谨。

（3）解决了水平实验中压力和重力同时发生变化的问题。可以分别探究压力或者重力是否影响滑动摩擦力的大小。

四　实验设计思路和实验原理

实验 1　自制摩擦力方向演示器材

图 5　传统器材　　　图 6　粘上毛刷的器材　　　图 7　摩擦力方向演示器

实验设计思路：摩擦力方向的判断需要学生充分理解摩擦力的定义，具备一定的思维辨析能力及丰富的物理情境经验。由于摩擦力"看不见"，学生利用传统器材来理解物体的相对运动或者是相对运动趋势非常困难，如图 5 所示。为了让摩擦力的作用效果"看得见"，我们在小木块底部粘上毛刷。毛刷放大了小木块底部粗糙不平的表面，并在摩擦力的作用下发生弯曲，毛刷的弯曲说明了物体此刻有相对运动趋势或者相对运动。这样，首先让学生体会到此刻有摩擦力存在，如图 6 所示。摩擦力将阻碍物体的相对运动趋势或者相对运动，使得毛刷弯曲，此即为物体受摩擦力的方向。但是，总有一部分同学还是无法将毛刷弯曲的方向和物体所受摩擦力的方向联系到一起。因而，将摩擦力的方向用箭头的方式显示在 LED 屏幕上，方便学生对照显示结果进行自我修正和评价，也为后面对物体进行受力分析和作图做好铺垫，如图 7 所示。

实验原理：在物块底部安装两个双向弯曲的传感器——图 8、图 9 中长方体片，它们会和海绵毛刷一起，随着相对运动或相对运动趋势发生弯曲，当单片机检测到弯曲角度时，控制 LED 点阵显示对应的字符。

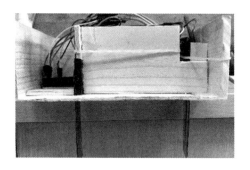
图 8　演示器剖面图

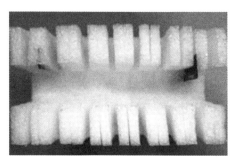
图 9　演示器底部

摩擦力方向演示器除了现象明显、操作简单、增强演示效果以外，还可增强与学生之间的互动。将显示屏遮住，先让学生回答，再揭晓答案，互动性强，收到了非常好的课堂效果，图 10、图 11 为在水平方向上的效果。

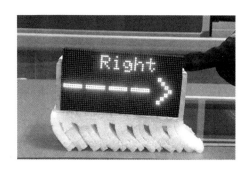
图 10　显示向右

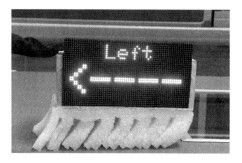
图 11　显示向左

实验 2　自制探究影响滑动摩擦力大小的因素演示器材

实验设计思路

提出问题 1：在传统的实验中，用弹簧测力计水平拉动小木块，小木块很难做匀速直线运动，如图 12 所示。

解决方案1：在学习二力的平衡时，我们使用了电机竖直向上拉动物体做匀速直线运动，探究拉力和重力的关系。所以学生会自然地想到，可以使用电机来实现匀速直线运动。

提出问题2：学生提出速度也有可能会影响滑动摩擦力大小。

解决方案2：将原来3 V电池盒改为可调稳压电源，电压分别设置2 V、4 V、6 V便可以实现3种及以上不同的速度，如图13所示。

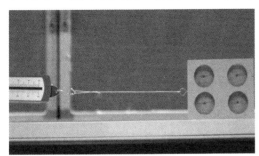

图12　传统实验器材　　　　图13　将电机接入稳压电源

提出问题3：到底是重力还是压力在影响滑动摩擦力的大小呢？

解决方案3：在实验过程中，如果将实验器材水平放置于桌面，在增减钩码时，物块的重力及物块对水平面的压力同时发生变化。所以，将装置竖直放置，便可以解决以上的问题，如图3、图4所示。

实验原理

（1）水平放置时可以探究压力、接触面粗糙程度、接触面积、速度等是否对滑动摩擦力大小产生影响。

（2）竖直放置时还可以在重力和压力不同且发生改变时，分别探究重力或压力是否对滑动摩擦力大小产生影响。

①探究重力对滑动摩擦力大小的影响

如图14所示，对小木块进行受力分析可知 $F_{摩擦}=G_{物块}+F_{DIS}$，$F_{摩擦}$ 的大小等于 $G_{物块}$ 与 F_{DIS} 的和，所以只要关注这个和的变化即可；启动电机，拉动长木板竖直向上，记录实验数据；每次实验，增加一个钩码以改变物重，重复第一步的操作；绘制 F_f-G 图像，如图15所示。

图 14　受力分析示意图

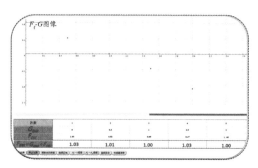

图 15　F_f-G 图像

由表格中的数据分析可得：当只改变重力大小时，物体所受滑动摩擦力的大小几乎不变。

②探究压力对滑动摩擦力大小的影响

小木块的正下方有一根橡皮筋，橡皮筋穿过面板后，绕过定滑轮挂在力学传感器 2 上，改变力学传感器 2 的位置，实现橡皮筋的伸长和缩短，从而改变小木块对长木板的压力大小，如图 16 所示。压力的大小通过显示屏实时显示，方便记录实验数据，如图 17 所示。

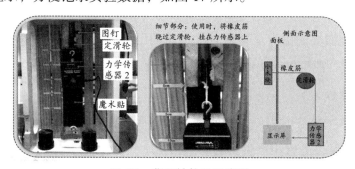

图 16　背面结构及示意图

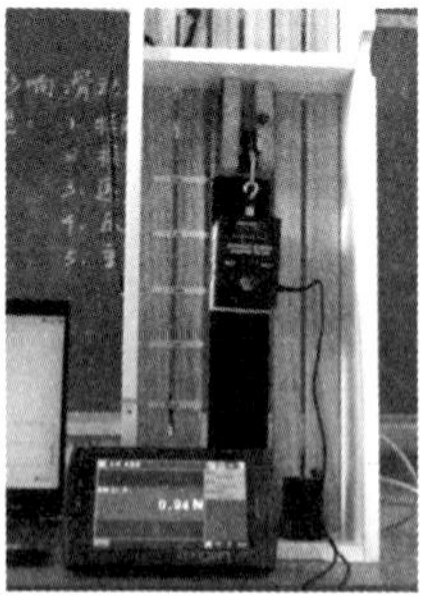

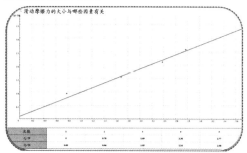

图 17　压力显示

图 18　F_f-F_N 图像

实验步骤

（1）与探究重力因素相似，$F_{摩擦}=G_{物块}+F_{DIS}$，这里我们可以将力传感器 1 清零，类似于电子天平清零的操作，让 $G_{物块}=0$，所以 $F_{摩擦}=F_{DIS}$，将滑动摩擦力大小的测量转换成拉力的测量，简化数据上的处理。

（2）力传感器 2 空置时先清零，再将橡皮筋挂在力传感器 2 上，这时小木块将施加垂直于长木板的压力。

（3）启动电机，观察力传感器 1 示数的变化，记录实验数据。

（4）改变力传感器 2 的位置，即改变压力的大小重复实验。

（5）绘制 F_f-F_N 图像，如图 18 所示。由图像可知：物体所受滑动摩擦力的大小与压力大小成正比。

五 实验教学目标

摩擦力在物体的运动、力的平衡以及能量转化等方面有着重要的意义。"探究影响摩擦力大小的因素"是物理课程标准中规定的探究类学生必做实验，是引导学生掌握基本科学方法、培养实验方案设计能力的重要途径，本次探究中运用的控制变量、转换的科学思想，不仅是对之前实验方法的总结，也为之后各类定性和定量的实验探究打下了基础。摩擦力方向的判断则需要学生充分理解摩擦力的定义，具备一定的思维辨析能力及丰富的物理情境经验。

学生在学习本课时，已经掌握了二力平衡的条件，会进行同一直线上力的合成，熟悉数据采集系统在实验中的应用，了解了正比例函数，这些都为本节课的学习打下了一定的基础。

因而，根据物理课程核心素养的四维目标，结合学情，确定本节课的教学目标，见表 1。

表1 《摩擦力》教学目标

物理观念	感知摩擦现象的存在；了解影响滑动摩擦力大小的因素
科学思维	利用类比推理、抽象与概括等科学思维方式，总结摩擦力的方向
科学探究	在小组合作中完成探究滑动摩擦力大小与哪些因素有关的实验，能利用控制变量法归纳总结滑动摩擦力与哪些因素有关； 能从实际情况、可操作性等方面考虑对实验进行改进和创新
科学态度和责任	通过经历科学探究过程，学生保持对自然现象的好奇心和探究热情，善于反思、勇于创新

教学重点：通过实验探究滑动摩擦力大小与哪些因素有关。

教学难点：摩擦力方向的判断。

六 实验教学内容

1. 情境导入："不想分开的书"。

2. 摩擦力方向的判断。

3. 实验：探究影响滑动摩擦力大小的因素 。

4. 学以致用："写字机器人"。

七 实验教学过程

1. 创设情境，激发兴趣，引入新课

邀请学生上台体验，两本交叉重叠的书竟可以吊起一个人，学生既感到震撼又觉得新奇。到底是什么力平衡了竖直向下的拉力呢？强烈的好奇心激发学生的探知欲，如图19所示。

图 19 "不想分开的书"

接着用"花式推车轮"，即用不同的方式推动汽车轮胎，让学生体验不同的摩擦，引出摩擦力的分类。

2. 摩擦力的方向

教师讲解自制的"摩擦力方向演示器"的使用方法后，学生利用器材，对照学习活动卡的要求，判断摩擦力的方向。

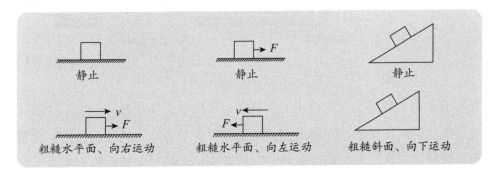

图 20 判断物体处于静止和运动状态时的摩擦力方向

例：判断物体静止时受到的摩擦力方向，如图 20 中的第一行第二个。引导学生思考：物体受到的是静摩擦力还是滑动摩擦力？观察毛刷弯曲的方向，判断所受的摩擦力方向。

学生思考及活动过程：物体静止，相对地面有运动趋势，所以受到的摩擦力为静摩擦力；毛刷在静摩擦力的作用下发生弯曲，力的方向与毛刷弯曲的方向相同；在活动卡上作图；打开 LED 显示，对照显示结果进行自我修正和评价。

3. 探究影响滑动摩擦力大小的因素

总体思路：要充分发挥"探究影响摩擦力大小的因素"一课的重要育人价值，促进学生科学探究能力的发展、创新精神的初步构建、核心素养的培养，最好的途径就是将课堂还给学生。学生观察实例进行猜想，设计实验方案，探究影响滑动摩擦力大小的因素，组间交流讨论，反思并优化实验方案等。教师为学生提供活动卡、资料及所希望获得的改进器材。流程图如图 21 所示。

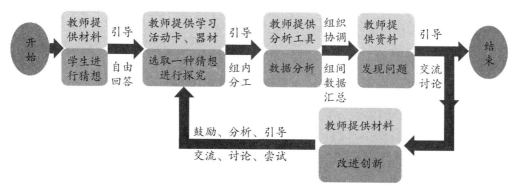

图 21　"探究影响滑动摩擦力大小的因素"课堂活动流程图

开始时，教师为学生提供的材料为：橡胶手套和垫板等，学生自由探究可能的影响因素后，交流猜想的结果。接着学生利用教师提供的实验器材，对照学习活动卡，验证猜想，利用转换法、控制变量法开展实验。由于课堂时间有限，每组可选择一种影响因素进行探究，完成后再进行组间的数据汇总和数据分析。

接下来开展小组交流和讨论、实验的改进和创新，教师为学生的改进方案提供方法和材料上的支持。最后，进行规律总结和课堂评价。

4. 以"怎样擦得更干净"为主题布置课后分层实践作业，如图 22、图 23 所示

分层作业 1：如何将黑板擦得更干净？需要用到哪些物理知识？

分层作业 2：单片机制作系列——写字机器人在完成擦写时你设计了

哪些关键步骤？

图 22　擦黑板　　　　　　　　　图 23　写字机器人

其中分层作业 2 的设计理由是：学生在学习完本节课的知识后，再设计写字机器人进行有效书写和擦写的动作时，自然会考虑怎样利用所学物理知识让自己的设计更好。因为理解了滑动摩擦力的大小受压力和接触面粗糙程度的影响，他们可能会想到需要调整舵机的旋转角度，以达到白板笔下压的程度，即增大或者减小压力来改变摩擦力，从而让海绵将字擦得更干净；他们可能还会考虑海绵或者面板的材料，因为接触面的粗糙程度也会影响摩擦力的大小。这种跨学科综合的学习过程，对于学生来说是有趣的，也是提升学生创造性思维和解决实际问题能力的重要途径。

八　实验效果评价

本节课是基于物理学科核心素养为导向的实验课，渗透科学的思维方法，培养实践创新精神。

两个自制实验器材充分展示了跨学科综合、信息技术与物理实验的结合。

1. "摩擦力方向演示器"的制作思路来源于学生社团，跨学科综合知识的学习和应用为学生综合素养的提升提供支撑。

2. "摩擦力大小演示板"的改进和创新从学生的疑问出发，让学生参与实验改进，鼓励他们像科学家一样思考，遇到困难也勇敢接受挑战；数字化让物理实验更加真实、可靠、科学与严谨；拓展实验培养了学生敢于质疑、探索的精神。

另外，"不想分开的书""怎样擦得更干净"实践主题将学生带到了一个未知而又充满吸引力的摩擦力世界，培养学生的探索兴趣。

从学生反馈的评价量表中可以看出：大部分学生对本节课的知识要点完成得比较好。其中 12% 的同学在创新环节起到积极引领的作用。总体来看，本节课已达到预期的目标。

不足之处：（1）本节课的内容较多，需合理安排时间，课前做好充分准备；（2）需更加注重发挥小组合作的优势，让更多的学生参与实验的改进和创新。

专家点评

"摩擦力"案例教学，从学生兴趣出发，创设情境，设计创新实验游戏，激发学生求知欲望，形成物理观念；利用自制创新实验装置进行实验演示和实验探究，突出教学重点，突破教学难点，完善知识体系，培养学生科学探究的能力；创新实验装置中融合信息技术，体现了跨学科实践课程内容，培养了学生跨学科综合素养。

1. 实验创新点及优点

对于本节课，新版课程标准中要求探究并了解滑动摩擦力的大小与哪些因素有关，且"探究影响摩擦力大小的因素"是物理课程标准中规定的探究类学生必做实验，教学重点为通过实验探究滑动摩擦力大小与哪些因素有关，教学难点为摩擦力方向的判断。

本节课的教学设计和创新实验符合新版物理课程标准的要求，教学中设计了四个创新实验，分别在四个教学环节中体现，每个创新实验的应用都恰到好处，既能激发兴趣，又能进行实验探究，培养学生科学思维。

本节课利用"不想分开的书"实验作为课堂教学的游戏引入。传统教学中通常采用拔河的游戏形式，本节课打破传统教学的模式，改变实验的呈现方式，让学生眼前一亮，既震撼又惊奇，学生能很快参与到教学游戏中，感受摩擦力的存在，为形成物理观念奠定基础。

判断摩擦力的方向是"摩擦力"这节课的教学难点，传统教学中，教师通常是列举生活实例，引导学生结合摩擦力的概念分析出摩擦力方向，然后师生总结得出结论，这对学生的思维辨析能力要求较高，八年级的学生往往对相对运动和相对运动趋势的理解比较困难，而本节课让学生利用自制的摩擦力方向演示器，对照学习活动卡的要求，判断摩擦力的方向，学生对照 LED 显示屏的结果进行自我修正和评价，理解、掌握判断摩擦力方向的方法。摩擦力方向演示器通过 LED 屏显示摩擦力方向，实现了实验现象可视化，将看不见的摩擦力通过毛刷弯曲进行转换，直观性强，并且该装置还用到了单片机技术，让技术服务于物理教学，做到了跨学科实践。

"探究影响滑动摩擦力大小的因素"是物理课程标准中规定的探究类学生必做实验。在传统的教学中，学生在探究影响滑动摩擦力大小的因素时，利用二力平衡的知识，拉动物块做匀速直线运动。但在实际操作过程中，很难控制物块做匀速直线运动，又由于实验过程是拉动物块在水平方向运动，学生无法区分影响滑动摩擦力的因素是重力还是压力。本节课中的自制教具——探究影响滑动摩擦力大小因素演示板，可以水平方向演示，也可以竖直方向演示。利用这套实验装置既可以完成传统实验，依靠电机控制物块做匀速直线运动，探究接触面粗糙程度、压力、接触面积、速度等是否影响滑动摩擦力的大小；还可以开展拓展实验，在压力和重力不同且发生变化时，分别探究压力或重力是否影响滑动摩擦力的大小。同时，利用传感器数字化实验，使实验直观化，将中学阶段对压力影响滑动摩擦力大小的定性实验转化成定量实验，数据真实可靠，更有说服力。

物理实验可以在课堂中由教师演示，学生观察实验现象，从而习得物理知识；也可以由学生操作，进行实验测量或者实验探究；还可以延伸到课外，作为课外拓展。本节实验教学案例以"怎样擦得更干净"为主题布置课后分层实践作业，结合所学的摩擦力知识，让学生进行单片机系列制作——写字机器人，培养学生的创造性思维，不断进行改进，坚持不懈，培养学生的科学精神。这一作业既让学生学以致用，又融合信息技术，实现了跨学科综合实践。

本节实验教学案例设计了四个实验，按照实验游戏引入→教师演示→学生探究实验→课外拓展实验的顺序开展，重点让学生探究影响滑动摩擦力大小的因素，符合新版课程标准中的要求。

2. 实验的不足和改进

本节实验教学案例中设计的"探究影响滑动摩擦力大小的因素"实验，其实验装置克服了传统实验的缺点，实验效果确实很好，但在进行实验探究时，对于实验装置的功能不应该过多强调创新，应该在改进传统实验的基础上更好地实现课程标准中的要求。

3. 教学中的注意事项

本节实验教学案例中设计的"探究影响滑动摩擦力大小的因素"实验，利用探究影响滑动摩擦力大小因素演示板探究影响滑动摩擦力大小的因素，所设计的演示板功能很多，而教师在教学中过多地强调压力对滑动摩擦力大小的影响，还测量出滑动摩擦力与压力大小的定量关系，这是实验的一个突出点，但同时也将问题复杂化，想为初、高中的衔接做准备，但对于材料对滑动摩擦力大小的影响涉及较少，因此建议教学中应抓住主要因素，设计符合初中学段的教学环节。

创新案例 3　探究杠杆平衡条件

福建省莆田市中山中学　郑朝明

一 教材分析

1. 本节实验教学案例选自《义务教育教科书　物理　八年级　下册》人教版第十二章第 1 节的教学内容。

2. 从教材编排看，"探究杠杆的平衡条件"实验是新版课程标准中规定的学生必做的探究类实验之一，是本实验教学的重点。

二 实验器材

可变形磁吸式杠杆、钩码、两个半圆、铁丝、弹簧测力计、磁吸式尺子。

三 实验设计的思路和创新点

1. 常规的实验设计

常规的实验设计如图 1 所示。

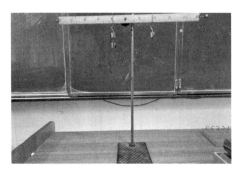

图 1

缺点：

（1）铁架台比较重，教师携带不方便且杠杆支点存在摩擦。

（2）无法固定弹簧测力计，改变动力方向时无法画出力臂。

（3）只能进行水平的实验且杠杆无法变形。

（4）无法有效解决困扰学生的"绕左侧固定点旋转"的轻质杠杆问题。

（5）无法从等臂杠杆过渡到定滑轮，为下节课做衔接。

2. 创新的实验设计

（1）采用可拆卸的磁吸式底座，携带方便。

（2）在支点位置采用轴承来减少摩擦对实验的影响，如图 2 所示。

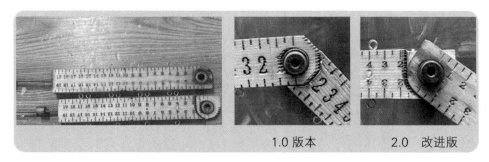

图 2

（3）采用可以变形的杠杆，实现一杆多用，如图 3 所示。

（4）利用磁吸式器材的自身优势，增加磁吸式尺子来表示力臂和力作用线，还可以在黑板上直接画出力臂，做到全器材磁吸化，解放双手，如图 4、图 5 所示。

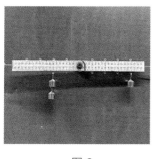  

图3　　　　　　　　　图4　　　　　　　　　图5

（5）可以利用磁吸式底座固定住弹簧测力计以及悬挂待用的钩码，如图6所示。

（6）使用可拆卸的平衡螺母，轻松解决困扰学生的"支点在左侧的动态轻质杠杆"的经典问题，如图7所示。

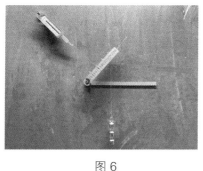 

图6　　　　　　　　　　　　　　图7

（7）从等臂杠杆过渡到定滑轮，方便学生理解定滑轮的本质，如图8所示。

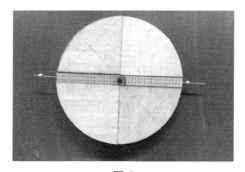

图8

四 实验教学目标

1. 知道杠杆的平衡条件及杠杆的一些应用。

2. 经历探究杠杆平衡条件的过程。

3. 学习分析实验现象、寻找数据间的规律，从中归纳出实验结论的一般方法。

五 实验教学内容

1. 杠杆平衡条件中动力和动力臂以及阻力和阻力臂之间的关系：$F_1L_1=F_2L_2$。

2. 杠杆平衡条件适用于任何形状的杠杆。

3. 从杠杆过渡到滑轮，为下一节课做准备。

六 实验教学过程

杠杆是否平衡是由动力、阻力、动力臂和阻力臂共同决定的。为了探究其平衡条件，可以在杠杆处于平衡状态时，分别测出动力 F_1、阻力 F_2、动力臂 L_1 和阻力臂 L_2，然后经过大量的数据对比，归纳出杠杆的平衡条件。

【常规实验】先进行常规实验，探究直杠杆的平衡条件，如图 9 所示。

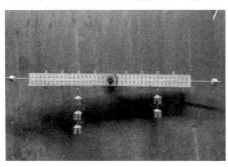

图 9

初步得出结论：$F_1L_1=F_2L_2$。

【拓展实验】（见图 10~ 图 16）

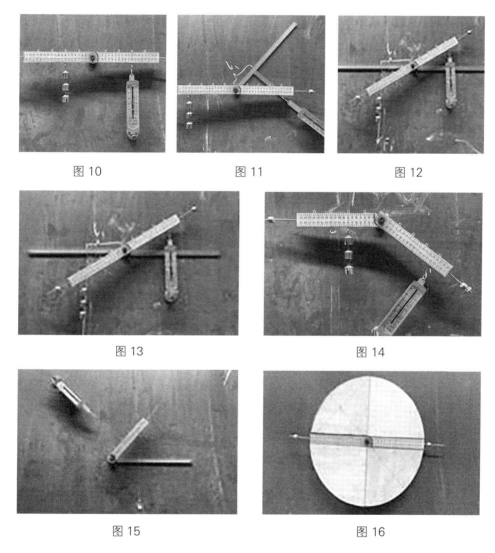

图 10　　　　　　　　图 11　　　　　　　　图 12

图 13　　　　　　　　　　　　　图 14

图 15　　　　　　　　　　图 16

七　实验效果

1. 实现了杠杆一杆多用的功能，解决了单侧动态轻质杠杆的经典难题，帮助学生理解定滑轮的本质。

2. 磁吸式杠杆在黑板上演示更加直观，效果更好。可固定弹簧测力计，并且能轻松地表示出力臂的具体位置。

3. 该实验对杠杆进行延伸和扩展，培养学生的学习兴趣和探究精神，可以有效提高学生的核心素养。

专家点评

"探究杠杆平衡条件"案例教学，以传统实验为基础，改进创新传统实验器材，进行系列实验设计，探究杠杆的平衡条件，并进行了拓展延伸，为后续课程做好铺垫，激发学生的学习兴趣，提高学生科学探究的能力，促进发展物理学科核心素养。

1. 实验创新点及优点

新版课程标准对本节课的要求是"探究并了解杠杆的平衡条件"。

本节课的教学设计和实验创新符合新版课程标准的要求，围绕探究杠杆的平衡条件进行实验创新，对传统实验进行了改进升级，克服了传统实验的缺点，实验操作方便，现象直观，突破教学中的难点，促进学生科学思维的发展。

传统实验器材存在携带不方便、杠杆支点存在摩擦、只能进行水平方向的实验、杠杆无法变形、无法固定弹簧测力计以及改变动力方向时无法画出力臂等问题，本节课的创新实验对传统实验进行了升级改进，采用可拆卸的磁吸式底座和磁吸式尺子，可以直接吸在黑板上，携带与操作都很方便，现象直观；通过在支点位置使用轴承来减少摩擦对实验的影响，使用的杠杆分段组成，可以实现杠杆的变形，实现一杆多用，纠正学生普遍认为杠杆都是直的的错误前概念；利用可拆卸的平衡螺母，轻松解决困扰学生的"支点在左侧的动态轻质杠杆"的经典问题；

从等臂杠杆过渡到定滑轮，方便学生理解定滑轮的本质。

本节课的实验既有继承又有创新，首先利用常规实验进行杠杆平衡条件的探究，学生经历实验探究的过程，初步得出杠杆平衡的条件；然后为得出普遍规律，进行创新拓展实验，探究不在水平方向平衡、杠杆不是直的、支点在左侧等各种情况下的杠杆平衡条件，进一步验证杠杆的平衡条件，总结得出杠杆平衡的普遍规律。

2. 实验的不足和改进

本节课通过传统实验和创新实验探究了杠杆平衡的条件，杠杆的五要素（支点、动力、阻力、动力臂、阻力臂）是理解杠杆平衡条件的基础，尤其力臂的概念是学生理解的难点。本节课的创新拓展实验，探究了杠杆不在水平方向平衡、杠杆不是直的情况下的杠杆平衡条件，实验中体现了力臂的概念。为了让学生充分理解，可以将杠杆做成一个圆盘，以支点为圆心画多个同心圆，在同一圆上的力臂都是一样的，进一步进行实验探究，突破学生理解力臂的思维难点。

3. 教学中的注意事项

本节课的教学内容与我们的日常生活联系紧密，在教学中应该注重生活情境的创设，好的教学方式离不开恰当的教学情境。一方面鲜活的教学情境能够引发学生的学习欲望，唤起他们的相关经验，快速建立新知识与原有认知的联系；另一方面解决情境中的问题可以给学生带来成就感，帮助他们形成学以致用的观念。

例如本节课可以从杆秤的发展历史及相关记载引入杆秤的组装，利用杆秤的操作和生活中相关物品的使用，总结其特征概括出杠杆的定义并认识支点、动力、阻力。

学生通过杆秤在空盘和称量物体时的情境找出定盘星的位置，并意识到影响杆秤水平平衡的因素有权、重、本、标，进而需要进行实验探究，收集数据寻找规律。

通过教师的操作，学生意识到，当力的方向发生改变时，"动力乘支点到动力作用点的距离等于阻力乘支点到阻力作用点的距离"这一结论并不成立，进而引导学生猜想，推理是支点到力的作用线的距离在影响着平衡。再通过演示论证此结果的正确性，构建力臂概念，从而修正平衡条件为"动力乘支点到动力作用线的距离等于阻力乘支点到阻力作用线的距离"。

利用平衡条件和已有条件对秤杆标记刻度，讨论出标记刻度的两种方法，然后称出实际两个物体的质量，进而利用空盘时和测量时的情境对杠杆进行分类，最后回扣杆秤的发展史。

创新案例4 改进课后实验——探究液体压强的 影响因素

新疆维吾尔自治区乌鲁木齐市第十五中学 徐婉丽

一 使用教材与背景

1.教材分析

本节实验教学案例选自《义务教育教科书 物理 八年级 下册》人教版第九章第2节。液体压强是压强之后、大气压之前的内容，在教材中承上启下，在考试中常出现在实验题、压轴题，属于压强的核心知识。

2.指导思想与理论依据

本课内容以《义务教育物理课程标准（2022年版）》为指导思想和理论依据。课程标准要求"探究并了解液体压强与哪些因素有关"，可通过项目式学习、开放式问题，引导学生思考与讨论。通过发现问题、提出问题，启发学生做出猜想与假设，鼓励学生自制实验器材、设计实验方案、收集数据、分析结论，引导学生交流合作、评估反思，进而提高改进实验装置的能力。在学生学习液体压强的影响因素的同时，发挥实验的育人功能，促进学生核心素养的养成。

3.学情分析

经过第1节压强的学习，学生对压强的知识与实验方法已有一定的基础，有助于本节进行自主实验设计。但生活中液体压强的现象较少，如何让学生清晰地感受到液体压强的变化，探究液体压强的影响因素，是本节要突破的关键点。

 实验器材

1. 实验仪器

两个完全相同的容器（底部紧粘在一起，在容器下方相同位置开一圆孔，并用橡皮膜密封），高度可调节的铁架台，两个注射器、软管完全相同的塑料瓶（底部紧粘在一起，在底部相同位置开一圆孔，并用橡皮膜密封，侧壁贴有刻度尺），水平仪，漏斗，胶头滴管，长刻度尺（或皮尺）。

2. 耗材

盐水、清水、酒精。

三 实验创新要点与改进要点

1. 实验装置的创新

课本中用到的压强计是由金属盒子与橡皮膜组成的，内有空气，涉及大气压强的知识，但是学生在该节还未学到。

于是依托本节课后题，设计实验模型，让学生感受到课本处处是知识。以此为基础制成实验仪器，该仪器可以得出部分结论，但有些实验现象不够明显。启发学生思考：如何改进实验，需要从哪些物理量入手？

2. 改进实验的创新

由学生观察、讨论新的实验仪器，并分享改进后实验仪器的新发现与优点。实验仪器，体积小巧无须使用太多液体，节约实验耗材，且可测量，实验结论更加准确。

3. 实验过程的创新

在实验过程中，现象明显，可通过观察橡皮膜的形变，直观感受到液体压强的变化，并引导学生用控制变量法进行两个影响因素的探究，可将橡皮膜向右凸出转变为向左凸出，增加实验的趣味性。

4. 实验进阶的创新

学生可将 1.0 基础实验改进到 2.0 升级实验，有动手操作、动脑思考的乐趣，锻炼了其反思与探索的能力。实验仪器更生活化，减少学生的陌生感，让学生感受到物理与生活的紧密联系，激发学习兴趣；可直观地看到液体压强的动态变化，使知识更加形象具体。

四 实验设计思路

实验依托本节课后题设计实验模型，如图 1 所示，让学生感受到课本处处是知识。以此为基础制成实验仪器，如图 2 所示。学生以转换法、控制变量法为实验方法，设计实验步骤与表格，进行实验，分析论证，并反思实验现象。

3. 如图 9.2-10，容器中间用隔板分成左右两部分，隔板下部有一圆孔用薄橡皮膜封闭，橡皮膜两侧压强不同时其形状发生改变。它可以用来做"探究液体压强是否跟深度、液体密度有关"的实验。

（1）若要检验"在同种液体中液体压强跟深度有关"这一结论，应该怎样实验？说出实验步骤和应该看到的现象。

（2）若要检验"在深度相同时液体压强跟密度有关"这一结论时，应该怎样实验？说出实验步骤和应该看到的现象。

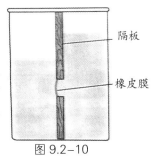

图 9.2-10

图 1

图 2

利用该仪器可以得出部分结论，但有些实验现象不够明显。启发学生思考：如何改进实验？需要从哪些物理量入手？于是让学生根据所猜想的影响因素，改进实验。重复以上实验过程，从而验证改进后的实验仪器，并再次总结与反思。

五 实验教学与评价目标

1.实验教学目标

（1）学生能感受到液体压强，知道其影响因素，能解释情境中常见的物理现象。

（2）基于学生对液体压强的经验事实，进行猜想，并通过书后习题设计实验，让学生对实验现象有初步认识。针对实验现象同时提出问题，敢于质疑，敢于发问，勇于创新，并能找到新的解决方法，让学生的思维能力得到螺旋式上升。

（3）通过观察现象—提出问题—解决问题—再次观察现象，让学生的质疑能力、合作讨论能力、探究能力得到进一步提升。并让学生在探究中，感受利用理论改进实验的乐趣。

（4）通过引入安全常识，让学生感受到物理与生活息息相关，有向亲友普及安全常识的意识。

2.评价目标

（1）通过明确实验目的，运用控制变量法，让学生学会分析和处理实验数据，诊断并发展学生实验探究的能力（科学论证、质疑创新）。

（2）通过学生的合作交流，诊断并发展学生的科学态度与责任（学科和社会价值视角）。

六 实验教学内容

1.教学方式

以安全视频引入，让学生感受到液体压强的重要性。通过提出问题，让学生进行猜想与假设，并依托课后题，让学生设计实验、进行实验、收集数据、分析结论、交流合作、评估反思，再进行实验装置的改装。在实验环节，用开放式提问引导学生思考，鼓励学生参与讨论与分享，努力让每个学生都参与其中。

2. 教学重难点

重点：让学生更直观地感受到液体压强以及变化，并探究其影响因素。

难点：引导学生设计实验，并在实验后反思与改进，学会观察分析自制实验仪器，并用此进行实验探究。

3. 实验教学内容

先通过视频，让学生在情境中感受到液体压强的重要性，并猜想与什么因素有关。

再通过课后习题，进行实验模型的建立，观察基础实验仪器，初步进行实验设计，完成实验的每个环节。

在交流与讨论中，学生发现液体密度可能会影响液体压强，但无法用明显的实验现象加以论证。故利用已学到的知识，改进实验仪器，再次完成实验的每个环节，最终得出结论。

观察实验现象，记录数据并得出结论：液体压强与液体深度、液体密度两个因素均有关。

七　实验教学过程

1. 视频引入，引起学生兴趣

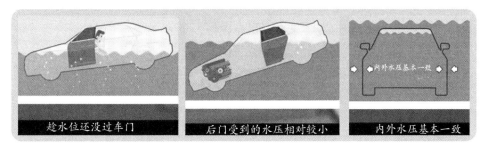

图 3

教师展示安全教育视频，并将视频中的重要信息截屏，如图 3 所示，让学生找一找与液体压强有关的现象，并引导学生在情境中思考，液体压强的大小与什么因素有关呢？

"趁水位还没过车门""后门受到的水压相对较小"表明液体压强与深度有关；"内外水压基本一致，就可以打开车门"表明此时内外压强差为零。

2. 初步设计实验，并进行实验

由此提出问题：液体压强与哪些因素有关？

学生进行猜想与假设：液体压强与液体深度、液体密度有关。

教师引导学生思考：如何进行实验呢？这就要依托本节课后题，设计实验模型。让学生翻开课本，找到图 1，让学生感受到课本处处是知识。学生通过读题，寻找思路和方法，同时展示实验器材，如图 2 所示。学生观察实验仪器，讨论设计实验，并提出实验方法：转换法、控制变量法。

观察学生分组讨论的结果，指导学生写下步骤，并拍摄其中一组的实验过程与设计表格，见表 1，投屏于黑板上，让学生一起完善步骤，同时提出深度的概念。

表 1

液体：水			
深度 /cm			
形变程度			

用同样的方法得出实验二的步骤与表格，见表 2。

表 2

液体	深度 /cm	形变程度
水		
盐水		

学生进行实验，教师拍下实验现象，如图4所示，并投屏于黑板上。

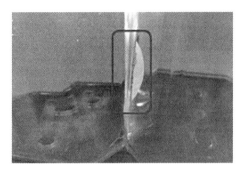

图 4

学生展示实验结果，发现实验一现象明显，实验二现象均不明显。于是引发学生思考如何改进实验，学生提出改进方法。

3.进阶设计实验，进行实验

教师展示改进后的实验仪器，让学生观察，并逐一介绍。

图5是一个铁架台，上面夹有两个完全相同的注射器，注射器底部与软管相连，另一端与瓶盖紧密相接，如图6所示。

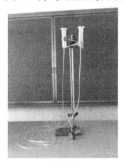

图 5

图 6

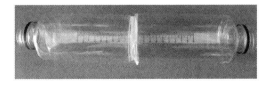

图 7

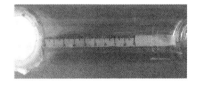

图 8

图7是两个塑料瓶，底部粘在一起，瓶底相同位置开一圆洞，密封上

橡皮膜，塑料瓶侧壁贴有刻度尺，如图 8 所示，可读出橡皮膜的形变数值。

当装入液体，有放大的效果，使读数更加清晰，如图 9 所示。

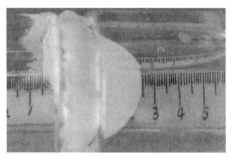 

图 9　　　　　　　　　　　　　　　图 10

让学生思考如何保证液面高度一致，引导学生回答用水平仪检测。注射器上有刻度，便于比较液面的高度，如图 10 所示。注射器体积小，无需用太多液体，节约实验耗材。同时，可用漏斗与胶头滴管对液面高度进行微调，使实验更严谨。直至注射器内的液体到相同刻度线。

了解实验仪器后，引导学生观察与思考：怎样将液体注入塑料瓶、注射器中。教师演示：将水通过漏斗倒入注射器内，当水流入软管，排尽空气，并用拇指密封管口，再将塑料瓶内倒满水，待水没过瓶口，迅速盖上盖子。

教师引导学生思考：实验仪器更新了，那么原来的实验过程与设计的表格还可以继续使用吗？因为设计思路与原理一致，所以可以继续使用，只需将形变程度增加一个具体的单位，如表 3、表 4 所示。

表 3

液体：水			
深度 /cm			
形变程度 /cm			

表4

液体	深度 /cm	形变程度 /cm
酒精		
盐水		

在实验过程中，可以直观地看到液体压强的变化。左、右注入深度相同的水，如图11所示。可以通过抬高注射器的高度，快速增大左侧液面的高度，观察橡皮膜的形变，如图12所示。降低液面高度，观察形变，实验现象很明显。

图11   图12

当探究不同液体时，可以先在左侧装入水，橡皮膜向右凸出，如图13所示。再将右侧装入盐水，调至液面高度相同，并观察到橡皮膜的形变由向右突出变小，最终向左突出，如图14所示，突出方向的转变，增加了实验的趣味性。

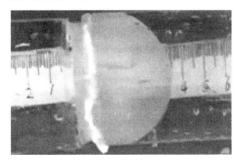 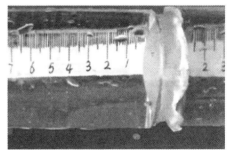

图13   图14

在学生进行实验的过程中，拍摄实验现象，并对比放在一起，如图15所示，展示相应塑料膜形变数值。由此可以得出，相同液体，深度越深，橡皮膜形变越大，液体压强越大。

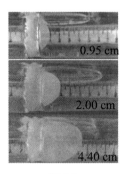

图 15

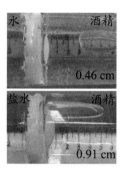

图 16

通过实验二的现象，如图 16 所示，得出结论：相同深度，液体密度越大，橡皮膜形变越大，液体压强越大。

4.交流评估

本次实验，具体数值可测量，实验现象明显，实验过程更严谨。同时需要小组默契地配合，锻炼了学生合作探究的能力。

5.实验改进与拓展

实验改进一：可用大的输液瓶代替一个注射器，验证液体压强与液体质量无关。

实验改进二：可将塑料瓶制成可拆卸，取下其中一侧，放入水中，朝各个方向，观察橡皮膜的形变，由此得出液体内部各个方向都有压强。还可以读出向内凹的具体形变数值，准确判断同一深度各个方向压强是否一致。

实验拓展：还可一侧装液体，另一侧空置，通过上下对比，也可探究液体压强的影响因素。

最后让学生用已学知识解释安全视频中的相关现象，形成知识闭环。

八 实验效果评价与教学反思

1. 实验仪器

更加生活化、直观化、动态化、简便化。液面的高度需要学生用漏斗与胶头滴管细心调整。

2. 教学设计

设计合理，以问题启发学生，让学生自主探究，实验环节有层次的递进，有优化实验的挑战。

3. 知识迁移

承上启下，与实际生活相联系，能用知识解决实验中的不足，并能通过实验现象进行验证。

专家点评

"改进课后实验——探究液体压强的影响因素"案例教学，从生活实际出发，通过改进课后实验，进阶式进行实验探究。

1. 实验创新点及优点

新版课程标准对本节课的要求是"探究并了解液体压强与哪些因素有关"，基于学生对液体压强的经验事实，进行猜想，并通过课后习题设计实验，让学生对实验现象有了初步认识。

本节课以课后实验为基础，设计创新实验，进阶式进行实验探究，每个实验相互联系，又彼此独立，在整节课的教学中，帮助学生形成物理观念，发展科学思维。

本节课的创新实验利用生活化的实验器材，以课后实验为基础，创新设计实验，可以分别探究液体密度、液体深度对液体压强的影响。实验中观察橡皮膜的形变，实验现象直观，另外用一个较大的可乐瓶替换注射器，还可以探究液体重力对液体压强是否有影响。

本节课以安全视频引入，给予学生对液体压强的直观认识，然后通过提出问题，学生进行猜想与假设，让学生设计实验、进行实验、收集数据、分析结论、交流合作、评估反思，再进行实验设置的改装。在实验环节，用开放式提问引导学生思考，鼓励学生参与讨论与分享，努力让每个学生都参与其中，培养学生的合作探究能力，发展学生的创新思维。

2. 实验的不足和改进

本节课以课后实验为基础，实验器材生活化，实验装置简便，实验现象也较为直观，设计的创新实验主要说明的是液体对侧壁的压强，无法说明液体内部压强的特点；实验中通过观察测量橡皮膜的形变程度来确定压强的大小，利用刻度尺和肉眼观察，橡皮膜形变程度的测量误差较大，无法得出准确结论，尤其探究在同种液体的同一深度，液体向各个方向都有压强且相等时，实验证据不充分。因此建议不要摒弃传统实验器材，传统实验在实验的探究以及实验结论的得出方面是十分严谨的；另外，建议在改进实验中加入一些定量的测量，使实验数据更有说服力。

3. 教学中的注意事项

本节课通过对课后实验的一系列改进对影响液体压强的因素进行了探究，能够形成证据链。在经历实验探究的过程中，学生需要对影响液体压强的因素提出猜想。在本节课的教学中，仅以一段视频就让学生提出猜想，显然依据不足，建议让学生多列举一些鲜活案例，再进行猜想与假设，这有利于发散学生思维，构建明确目标，提高学生的科学探究能力。

创新案例 5　帕斯卡定律

海南省海口市海南中学　黎晶晶

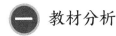 **教材分析**

本节实验教学案例选自《义务教育教科书　物理　八年级　全一册》沪科版第八章第二节。

1. 从教材内容的编写上分析，帕斯卡定律被安排在液体压强的应用部分，教材中以液压机应用实例，引出帕斯卡定律的内容，并简单分析了液压机的工作原理。但内容上缺少实验，缺乏直观性，教学难点不易突破。

2. 从新版课程标准的要求分析,《义务教育物理课程标准（2022 年版）》中对液体压强的教学要求是"探究并了解液体压强与哪些因素有关"。而帕斯卡定律属于液体压强规律的一部分，并不是影响液体压强的相关因素，由此可知此定律在初中物理教学中并不是重点。

3. 从液体压强的知识系统上分析，帕斯卡定律是将流体力学系统各个知识点串联起来形成一定逻辑结构不可或缺的知识点，同时也是学生理解托里拆利实验测量大气压强的知识基础，因此帕斯卡定律在教学中有着一定的意义。

 **学情分析**

学生在学习帕斯卡定律前，已通过探究液体压强影响因素的实验，知

道了液体压强的特性，并通过连通器的学习，对液体静止时的压强平衡有了一定的认识，这些前知识的储备对帕斯卡定律的理解有较好的帮助。但是学生对力的分析经验更深入，因此头脑中容易将相互作用力的知识迁移到此处，出现"液体也会等大地传递力"这一错误的猜想，因此需要设计直观性强的实验，破除学生的错误猜想。

三 实验教学内容

帕斯卡定律：加在密闭液体上的压强，能够大小不变地被液体向各个方向传递。

四 实验器材

1. 比力器：50 mL 和 350 mL 的注射器、软管、水（见图 1）。

2. 帕斯卡定律演示器：30 mL 和 100 mL 的玻璃注射器、软管、铁架台、管夹、水、秤砣、钩码（见图 2）。

3. 自制液压千斤顶模型：5 mL 和 500 mL 注射器、软管、三通管、止逆阀、调节阀、水、水杯（见图 3）。

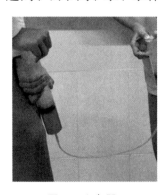 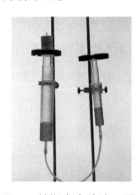 

图 1　比力器　　　　图 2　帕斯卡定律演示器　　图 3　液压千斤顶模型

（五）　实验创新要点

本实验教学案例的主要创新点是自制的液压千斤顶模型，弥补教材中帕斯卡定律实验的缺失，避免教学中让学生对定律死记硬背。

在一般课堂中，使用帕斯卡定律演示器会出现不足。一方面，若演示中使用的两个注射器的内径差距较小，因液压的面积之比较小，不能顶起质量相对很大的重物，无法体现"千斤顶"的效果；另一方面，若内径差距相对较大，因小注射器的容积较小而使大注射器活塞上升的距离较小，实验现象不够明显。

而自制的液压千斤顶中增加止逆阀，使小注射器可以持续从水杯中吸水，并将水传到大注射器中，解决小注射器容积小的问题，使千斤顶可以成功顶起质量较大的重物，并将重物提升明显的高度。在课堂上，可以将体重 100 kg 以下的学生顶起。

（六）　实验原理

1. 实验基本原理

实验原理即为帕斯卡定律。帕斯卡定律演示器以及比力器都采用两个内径（即管壁直径）大小不同的注射器，用橡胶管接在两个注射器之间，连接注射器前保证其内部以及橡胶管内均充满液体，使整个安装好的器材满足"密闭液体"这一前提条件。实验时即可观察到，在小活塞上施加一个较小的压力，大活塞上便产生与其面积成正比的一个较大的力。

2. 液压千斤顶模型的原理

液压千斤顶模型结构即在比力器的基础上，增加了止逆阀和调节阀（见图 4）。止逆阀可使小注射器中的水能流向大注射器，而不流回杯子中，且小注射器在从水杯中吸水时，水不会从大注射器倒流回来，从而实现持续地给大注射器中加水，使大活塞的上升高度更显著。同时利用止逆阀和调节阀，可以在组装器材时尽可能地将器材中的空气排出。

组装方法：实验前先将器材中的软管、止逆阀、调节阀连接好，管 1 连接小注射器，管 2 和管 3 放在水杯中。打开调节阀 A，关闭调节阀 B，不断拉动注射器的活塞，排出整个连通管内的空气并充满液体。打开调节阀 B，使水进入管 4。在大注射器中加入适量水，并放在固定台面上，连接大注射器和管 4。关闭调节阀 A，整个千斤顶模型就调试好了。通过不断推动小活塞，即可看到大活塞升起，并能顶起重物。实验结束后，将调节阀 A 打开，按压大活塞即可给大注射器排水。

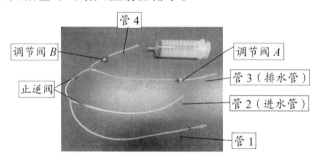

图 4　自制液压千斤顶结构图

3. 注射器的选择

帕斯卡定律演示器中，为了减小活塞与注射器内壁之间的摩擦，选用玻璃注射器，并在内壁中涂上凡士林。用质量较大的秤砣给活塞增加压力，也可以减小摩擦对实验的影响。

而在比力器和千斤顶模型中，由于只需给学生达成"小力胜大力"的感受，不需要定量研究，因此选用的注射器为塑料材质的，以避免玻璃注射器在移动时活塞脱落、进气或损坏造成危险。

七　实验教学目标

1. 物理观念

了解帕斯卡定律，知道在密闭液体中，某一部分发生的压强变化，将大小不变地向各个方向传递；能解释液压机原理，了解帕斯卡定律的应用。

2. 科学思维

通过引导学生对液压千斤顶模型的设计，培养学生的创新意识。

3. 科学探究

引导学生优化比力器的结构，设计液压千斤顶模型。

4. 科学态度与责任

通过对帕斯卡定律应用的了解，培养学生探索日常用品中的物理原理的兴趣，以及将物理知识应用于日常生活、生产的意识。

八　实验教学过程

1. 游戏导入，激发学习兴趣

游戏：力量竞赛

邀请两名同学上台，进行两个回合的比赛。第一回合：两名同学分别使用电子握力计，测量握力大小（见图5）。第二回合：两人各执比力器的一端，其中握力较小的同学持小注射器，握力较大的同学持大注射器，两人同时用力推动活塞，将液体推向对方者即胜出（见图6）。比赛结果为握力较小的同学在使用比力器后能够转败为胜。

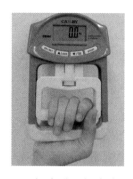

图 5 用握力计测握力大小

图 6 两名学生推动比力器的活塞

2. 实验验证"小力可以胜大力"

（1）学生观察比力器的结构特点，明确器材中密闭了液体。

（2）提出问题：在密闭液体中的小活塞上施加压力时，大活塞上产生的力的大小有什么特点？

（3）猜想假设：大活塞上产生的力比小活塞上施加的压力大。

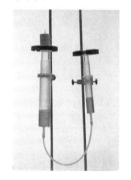

图 7

（4）进行实验。

步骤一：在帕斯卡原理演示器的大活塞上放置 700 g 的重物，在小活塞上放 500 g 的重物（见图 7）。观察注射器内的液体流动，验证说明小力可以胜大力。

步骤二：两个活塞上分别放置质量相等的秤砣，观察注射器内的液体流动。说明密闭液体中等大传递的不是力。

3. 认识帕斯卡定律

（1）请同学们阅读课文，了解帕斯卡定律。

（2）设计计算练习，强化学生对帕斯卡定律的认识。

练习：已知比力器中大注射器的筒内横截面积为 30 cm²，小注射的横截面积为 6 cm²，若将比力器作为千斤顶，不考虑摩擦，请计算：至少需要在小活塞上施加多大的力才能将站在大活塞上体重 500 N 的同学给顶起来。

4.了解帕斯卡定律的应用

（1）利用问题串引导学生优化比力器的结构，设计液压千斤顶模型（见图8）。

问题1：（在计算练习后）我们知道了至少需要100 N的力才能将该同学顶起来，但若想更省力或顶起更重的物体，该如何优化器材呢？

问题2：小注射器的容积较小，水传入大注射器内，活塞上升不明显，该如何改进呢？

问题3：小活塞抽水时，水会从大注射器逆流；小活塞压水时，水会流回水杯中，这个问题如何解决？

问题4：千斤顶结束工作后若想恢复器材，将重物缓慢降下来，该如何改进？

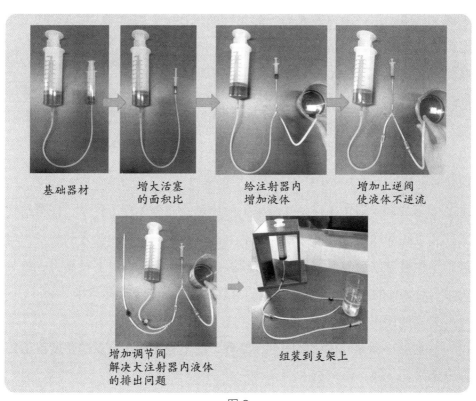

图8

（2）使用液压千斤顶模型，展示运用的方法和效果（见图9）。

（3）了解帕斯卡定律的应用：液压千斤顶、液压机、汽车制动传动系统。

教学过程总结：本节内容从游戏导入，激发学习兴趣；大胆采用实验探究，破除学生认识的易错点，即液体中可以等大的传递力；最后将复杂机械的模型带入课题，实现技术应用的可见性，有效帮助学生将知识内化。

九 实验效果评价

1. 实验的优点

（1）比力器以游戏比赛的形式，较好地活跃了课堂气氛，以"小力胜大力"的比赛结果使学生产生认知冲突，易使学生留下深刻的印象，并破除"液体中可以等大的传递力"这一错误猜想，同时激发学习兴趣。

（2）使用帕斯卡定律演示器更严谨地验证了引入环节中"较小的压力通过液体压强的传递可以使较大的受力面上产生较大的压力"的发现。

图9 课堂上使用液压千斤顶模型将学生顶起

（3）自制的液压千斤顶在教学上的使用，充分体现了科学、社会与技术三者之间的联系，可视性强，使学生很好地体会技术中蕴含的智慧，对鼓励学生科学创造与科技创新都有较好的引导作用。同时器材易得，组装简单，对教师的实践能力要求不高，可以普遍推广到实际教学中。

2. 实验的不足

注射器中活塞和内壁之间存在摩擦，使实验无法从定量的角度得出帕斯卡定律。

专家点评

"帕斯卡定律"实验教学案例以研究帕斯卡定律为教学主线，设计阶梯性创新实验，对知识进行引入，探究总结得出物理规律，最后将知识应用到生活中，进行跨学科实践教学，知行合一，学以致用，体现物理课程的基础性、实践性和综合性的特点。

1. 实验创新点及优点

本节实验教学案例内容选自沪科版物理教材八年级全一册第八章第 2 节的内容，帕斯卡定律是液体压强规律中的内容，在液体压强知识系统中是不可或缺的知识点，对于初高中的物理衔接起到承上启下的作用。本节课要求了解帕斯卡定律，知道在密闭液体中，某一部分发生的压强变化将大小不变地向各个方向传递；能解释液压机原理，了解帕斯卡定律的应用。

本节课的教学设计和实验创新设计从课程标准出发，设计了三个创新实验，围绕帕斯卡定律开展实验教学活动，在整节课的教学过程中，创新实验设计从个体到模型，再从模型到普遍，帮助学生建立科学概念，发展物理科学思维。

比力器实验使用简单的实验器材，选择力气大和力气小的两名同学进行体验，最后"小力胜大力"，现象神奇，通过力量实验情境的创设，引发学生思维冲突，激发了学生的学习兴趣，引发学生思考，提出问题，顺利引入新课。

为验证"小力可以胜大力"的实验结论，采用两个内径（即管壁直径）大小不同的注射器，用橡胶管接在两个注射器之间，连接注射器前保证其内部以及橡胶管内均充满液体，分别在大活塞、小活塞上放置 700 g、500 g 的重物，可以观察到注射器内的液体向大活塞一端流动，充分验证说明"小力可以胜大力"；再在两个活塞上分别放置质量相等的秤砣，观察到注射器内的液体流动，说明密闭液体中等大传递的不是力，进一步深化物理概念，构建物理模型，科学严谨地验证了帕斯卡定律。

设计创新实验——液压千斤顶模型意在展示帕斯卡定律在生活中的应用，首先，液压千斤顶模型在比力器的基础上，增加了止逆阀和调节阀，利用问题串引导学生改进创新比力器实验装置，实现液体不回流；其次，小注射器持续地给大注射器中加水，使大活塞上升的高度更显著；最后，展示液压千斤顶模型的使用方法和效果，体现了跨学科实践教学，发展了学生跨学科知识的运用能力、分析和解决问题的综合能力、动手操作的实践能力，培养学生积极认真的学习态度和乐于实践、敢于创新的精神。

2. 实验的不足和改进

本节课的实验创新始终围绕帕斯卡定律的学习进行设计，实验器材比较精简，三个创新实验使用的器材均较为简单，各实验之间相互联系，又有所不同，层层递进，实验效果能够解释本节课的内容，但在各实验中均未涉及可视化实验数据显示，创新实验二（帕斯卡原理演示器）作为演示实验，建议改为分组探究，由学生自己去探索物理规律；另外，该实验只是分别在大小注射器上放质量不同和质量相同的重物，进行定性的演示，建议可以再用数显拉力计演示，分别拉动大小注射器，比较力的大小，这样更直观，实验数据更可靠。

3. 教学中的注意事项

帕斯卡定律的应用作为跨学科实践内容，教学中我们应该把更多的鲜活案例展现给学生，可以通过让学生观看一些视频、观察实物，进一步了解帕斯卡定律在生活中的应用，使整个课堂更加丰富，体现"从生活走向物理，从物理走向社会"的教育理念。

创新案例6　大气压强

安徽省安庆市怀宁县三祝初级中学　朱豫娇

一　教材分析

本节实验教学案例选自《义务教育教科书　物理　八年级　下册》人教版第九章第3节"大气压强"。

本节是在学习了力、压强及液体压强的基础上，进一步学习大气压强的知识。它既是对力学知识的深化，又是后面学习流体压强与流速的关系以及浮力相关知识的基础，所以在教材中起着承上启下的作用。

二　实验教学内容

1. 证明大气压强的存在。

2. 大气压强的应用：活塞式抽水机。

三　实验器材

吸盘、注射器、吸管、试管、矿泉水瓶、气球、水槽、弹珠、抽气机、真空罩。

四 实验设计思路及创新点

1. 因为大气看不见、摸不着，气体压强较为抽象，容易被忽视；而且初中生对直观内容感兴趣，抽象思维还不够成熟，学习的动力和热情大多来自他们的兴趣。所以在课前设计了小魔术——隔空喝饮料，来激发学生的学习兴趣和探究欲望。

2. 教材中开篇就让学生举出几个生活实例或做几个小实验来证实或否定大气压强的存在，学生很想动手，却又不知从何下手，所以本实验利用自制教具演示实验，将看不见的大气压强转换为看得见的明显现象，将抽象思维形象化，便于学生理解，证明了大气压强的存在，同时引导学生完成接下来的自主实验探究，培养学生的科学思维。

3. 教材中的"科学世界"部分，以图文的形式向学生介绍了活塞式抽水机的工作过程和原理，但是学生难以理解。所以本实验引导学生利用大气压强的知识，逐步引导设计出活塞式抽水机，学生经历了设计的过程，能更好地理解抽水机的原理。

五 实验教学目标

物理观念：知道大气压强的存在。

科学思维：通过演示实验，掌握证明大气压强存在的方法。

科学探究：通过实验证明大气压强的存在，培养设计实验和获取证据的能力。能准确表述探究过程和结果。通过设计活塞式抽水机，培养创新能力。

科学态度与责任：密切联系实际，提高将科学技术应用于日常生活的社会意识。

六 教学过程

1. 创设情境，导入新课

魔术表演：隔空喝饮料（见图1）

图 1

通过物理实验演示小魔术，引起学生的好奇心，激发学生的思维和探究欲望，带领学生从生活走进物理。

2. 实验探究新知

让学生猜想大气压强是否存在，如果存在，大气压强又有什么特点。学生利用教师提供的实验器材设计实验，证明自己的猜想。

演示实验：利用自制教具证明大气压强的存在（见图2）

图 2

原本橡皮膜两边都与空气接通，抽走一边的空气后，橡皮膜发生形变，推理是另一边的空气将橡皮膜压进去的，说明大气压强是存在的；接着将橡皮膜另一边的空气抽走，橡皮膜就恢复了原来的状态，进一步证明了大气压强的存在。请学生总结教师是利用什么方法证明了大气压强的存在，从而引导学生自主探究，培养学生的科学思维。

学生活动：利用已有实验器材设计实验（见图3），验证大气压强的存在。

学生根据演示实验的方法，自主设计覆杯实验，证明大气压强的存在。培养学生设计实验和获取证据的能力。

图3

在学生覆杯实验的基础上加以改进，通过真空和非真空两种状态下的不同现象进行对比，加深学生对大气压强存在的认识（见图4）。在实验的过程中进行推理，让学生理解试管中液柱不会下降的原因，为学生理解大气压强的测量做好铺垫。

图4

课堂检测：让学生根据所学知识解释课前魔术原理，检测学生的学习效果。促进"教—学—评"有机衔接，提升评价质量，充分发挥评价的育人功能。

3. 设计制作活塞式抽水机

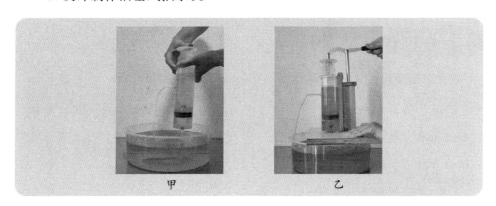

图 5

利用本节课所学知识，逐步引导学生设计出活塞式抽水机。向上拉注射器的活塞，水被大气压上来，如图 5 甲所示，提问："如果这是一口井，怎样将井里的水抽上来呢？"引导学生加以改进，在筒壁上安装出水口，下端安装单向阀门，改进后实验发现活塞越过了出水口以后，由于筒内外都与大气接通，水就无法被压上来，由此得出活塞不能越过出水口。要让水通过活塞到达活塞上部，且不能从活塞处流下，学生很容易想到，在活塞处也要安装一个单向阀门。改进后再次试验，推拉活塞，成功使水从出水口流出，如图 5 乙所示。让学生经历设计活塞式抽水机的过程，真正理解抽水机的工作原理，培养了学生的创新能力，提高了学生将科学知识应用于生活的意识。

七　实验教学评价

实验器材简单易得，可以多次重复使用，实验现象明显。

实验教学过程以学生为主，注重培养学生的科学思维；联系生活，利用所学知识引导学生设计活塞式抽水机，培养学生的创新能力，提高利用科学知识的意识，也激发了学习物理的兴趣。整节课通过实验带领学生从生活走向物理，从物理走向社会。

专家点评

"大气压强"实验教学案例，通过魔术创设物理情境，激发学生学习兴趣，设计创新实验，学生通过实验探究，形成物理观念，构建物理知识体系，最后回归到生活实际，学以致用，达到知行合一，发展学生核心素养。

1. 实验创新点及优点

《义务教育物理课程标准（2022年版）》中指出：要求知道大气压强及其与人类生活的关系。对于大气压强，教师应强调大气压强与人类生活密切相关，并创设情境，让学生在许多问题情境中认识大气压强。

本节课的教学设计和创新实验围绕大气压强的存在以及大气压强与生活的密切联系进行设计，符合课程标准的要求，实验的设计多阶梯式展开，串联整个教学。

首先，通过趣味魔术"隔空喝饮料"创设了教学情境，引起学生的好奇心，激发学生的求知欲，快速地引入新课。

其次，利用生活化的实验器材设计原理简单、操作方便的创新实验，拉近与学生的距离，创新实验先抽气再通气，从正反两方面进行演示，通过观察橡皮膜的形变推理出大气压强的存在，引导学生自主探究，培养学生的科学思维。

再次，在学生覆杯实验的基础上加以改进，通过真空和非真空两种状态下的不同现象进行对比，加深学生对大气压强存在的认识。在实验的过程中进行推理，让学生理解试管中液柱不会下降的原因，为学生理解托里拆利实验的原理做好铺垫。

最后，利用本节课所学知识，选用生活中的物品，逐步引导学生设计活塞式抽水机，不断尝试改进设计，最终完成设计。学生经历设计活塞式抽水机的过程，真正理解了抽水机的工作原理，培养了学生的创新能力，提高了将科学知识应用于生活的意识，体现了从物理走向社会的教育理念。

2. 实验的不足和改进

课程标准要求学生知道大气压强的存在，本实验案例通过实验探究让学生了解大气压强的存在，由学生提出猜想，利用提供的实验器材设计实验。注射器、胶头滴管吸取液体的原理属于大气压强在生活中的应用，学生对其的理解存在思维难点，在实验探究中设计成实验，增加了学生的思维难度，建议提供器材时设计一些经典实验，降低学生设计实验的难度，帮助学生建立科学概念，培养科学探究的能力。

3. 教学中的注意事项

课程标准提出注重情境的创设，好的教学方式离不开恰当的教学情境，鲜活的教学情境能够引发学生的学习欲，唤起他们的相关经验，快速建立新知识与原有认知的联系。本案例利用"隔空喝饮料"进行课堂教学的引入，创设了物理情境，虽然这个现象比较令人惊奇，但并不能让学生很快联想到大气压强，这个情境的创设难以取得很好的效果，建议创设更有意义的情境，从而引发学生的思考，提出相关问题，进入新课的学习。

另外，教学中应该注重以问题为导向，开展启发式教学，本案例学生在探究大气压强是否存在时，教师以开放式的教学方式让学生自己去猜想并设计实验，学生的猜想会变得漫无目的。建议教学中注重物理观念的形成，以问题为导向，启发学生进行实验探究，促进学生科学素养的养成。

创新案例 7　托里拆利实验

云南省昆明市禄劝彝族苗族自治县思源学校　王连友

 使用教材

本节实验教学案例选自《义务教育教科书　物理　八年级　下册》人教版第九章第 3 节"大气压强"。

 实验器材

第一组：水槽、底部带挂钩的玻璃杯、烧杯、染色的水、方形玻璃储物罐、汽车轮胎气嘴、塑料片、抽气机（带抽气管）。

第二组：圆柱形透明玻璃花瓶、放花瓶的底座、汽车轮胎气嘴、密封胶垫、透明 PVC 管、PVC 管支架、烧杯、染色的水、抽气机（带抽气管）。

第三组：长 1.5 m、内径 2 mm 的空气压缩机气管（抽气不会被压扁），熔点为 11 ℃的镓铟锡合金，10 mL 量筒，夹子，注射器，大数字刻度尺，TK 版，固定刻度尺和气管的支架及底座。

 实验创新要点或改进要点

1. 托里拆利实验的改进

（1）利用低熔点镓铟锡合金代替水银进行实验，实现了课堂现场演示。

（2）用注射器加注镓铟锡合金液体，再用夹子密封，使管内的空气完全排出，且取得了很好的密封效果。

（3）使用了大数字刻度尺，宽为 8 cm，分度值为 1 mm，整厘米处都标有数字，实现了快速准确读出数据的功能。

（4）利用电动机调节刻度尺，实现了刻度尺的自动化精准调节，减小了实验的误差。

2. 自制实验器材

（1）自制实验器材演示"真空环境"下的覆杯实验。

实验器材由自带密封胶圈的方形玻璃储物罐和汽车轮胎气嘴制作而成。该实验的创设目的是证明大气压强的存在，同时为托里拆利实验的教学做铺垫。

（2）自制实验器材演示"真空环境"下的液柱变化实验。

主要由高为 50 cm 的玻璃花瓶、高约 40 cm 的透明 PVC 管（一端封堵）、PVC 管支架、玻璃底座、密封胶垫、气嘴、烧杯等组成。该实验的创设目的在于突破托里拆利实验的教学难点。

四　实验原理或实验设计思路

1. 托里拆利实验的改进

选择无毒无放射性、熔点为 11 ℃、密度为 6.3 g/cm³ 的镓铟锡合金替代水银。合金熔点为 11 ℃，昆明地区年平均温度高于 11 ℃，所以该合金在常温下处于液态，满足实验的条件，从而实现了让托里拆利实验进入课堂。实验装置简图如图 1 所示。

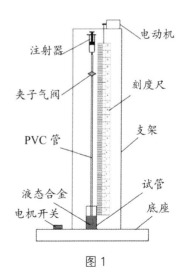

图 1

操作方法：

（1）取长约为 1.5 m 的气管，固定在铁丝上，将气管的另一端放入量筒内，使管口在合金液面以下。

（2）用注射器吸取适当的合金液体，排出空气，与气管另一端相连，再将液态合金注入管内。注意此时注射器的高度与量筒内的液面高度相近，待管内全部注满液体，大约在气管 1.4 m 的位置，将气管对折，并用夹子夹紧，再将管子立起来，固定在支架上。

（3）上下移动刻度尺，使刻度尺零刻度线与量筒内的液面相齐平，读出管内液面所处的高度 h。

（4）根据 $p=\rho_{液}gh$ 计算出液体压强，即当地的大气压。

2. 自制实验器材演示"真空环境"下的液柱变化实验

设计并制作如图 2 所示的实验装置，可以使水柱随气压变化而变化，为学生思维搭建支架，解决托里拆利实验教学的难点。

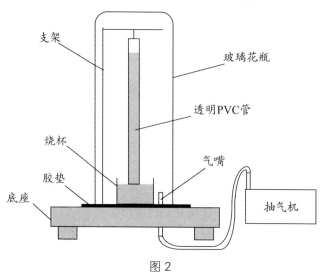

图 2

操作方法：

（1）将 PVC 管一端封堵，管内装上适量的水，倒插在烧杯内，管口在水面以下。

（2）将装好水的 PVC 管和烧杯放在底座上，用透明玻璃花瓶把它们罩在瓶内，接上抽气机。

（3）打开抽气机电源，抽出瓶内的空气，观察 PVC 管内水柱的变化；关闭抽气机，把空气放入瓶内，再观察 PVC 管内水柱的变化。

3. 自制实验器材演示"真空环境"下的覆杯实验

设计并制作实验器材演示"真空环境"下的覆杯实验，如图 3 所示。用于证明大气压的存在，并由此引出实验探究的问题。

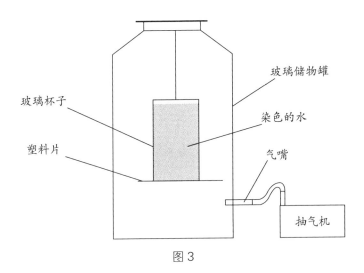

图 3

操作方法：

（1）用抽气管将储物罐与抽气机连接。

（2）在底部带挂钩的杯子内倒入染过色的水，注意不要装满，用塑料片将杯口盖上，倒挂在储物罐内，扣好罐口盖子，确保密封不漏气。

（3）打开抽气机，抽出罐内的空气，观察杯中的水是否会掉落。

五 实验教学目标

物理观念：通过观察实验，认识托里拆利实验的测量原理；了解大气压强与海拔的关系。

科学思维：通过实验，领悟实验测量过程中转换法的思想。

科学探究：能够通过实验测出大气压强的数值。

科学态度与责任：增强对新材料的关注意识和学习信心，感受利用身边物品开展物理实验的价值。

六 实验教学内容

利用密度为 6.3 g/cm^3、熔点为 11 ℃的镓铟锡合金和改进的实验装置完成托里拆利实验的教学。

利用自制实验器材完成"真空环境"下的覆杯实验、"真空环境"下的液柱变化实验的教学。

七 实验教学过程

1. 证明大气压的存在，引出问题

如图 4 所示，利用"真空环境"下的覆杯实验，证明大气压的存在。让覆杯处于空气中和"真空中"，形成鲜明的对比，通过正反两方面的实验，形成完整的证据链，由此，学生容易推理得出，塑料片未掉落是因为大气压强的作用，这有利于培养学生的逻辑推理能力。同时，该实验也为托里拆利实验的教学做了铺垫。

图 4

图 5

现将"覆杯"的杯口缓慢放入水槽中，如图 5 所示，设问：若缓慢取出杯口的塑料片，杯中的水柱会下降吗？

学生 1：会下降。

学生 2：不会变化。

学生 3：会下降一点。

实验操作，取出塑料片，让学生观察，如图 6 所示，并提问：为什么杯中的水不会下降？

学生 1：大气压支撑住的。

学生 2：不知道。

2. 设计实验，突破思维难点

图 6

根据以上学生的回答，提出问题：若是大气压撑住了杯中的水，使水不下降，那么可以通过什么实验来证明我们的猜想呢？引导学生大胆设计并说出自己的设想。

提供实验验证方案，如图 7 所示，打开抽气机，抽出瓶内的空气，观察 PVC 管内水柱的变化；关闭抽气机，把空气放入瓶内，再观察 PVC 管内水柱的变化。提出问题：管内水柱是怎样变化的？这说明了什么？

学生 1：大气压支撑住了水柱。

学生 2：大气压变化，水柱高度就变化。

图 7

学生3：大气压变小，水柱高度就变小；大气压变大，水柱高度就变大。

引导学生分析，水柱的高度既然可以反映外界大气压的大小，那么，只要测出水柱产生的压强，就是外界的大气压。因此，我们只需要测量水柱的高度，根据液体压强公式 $p=\rho_{液}gh$ 就可以算出液体压强，进而间接测出大气压的值。

3. 实验探究，测量大气压值

回顾之前的实验，提问：只要测出杯中水柱的高度就可以计算出压强了吗？

图8

学生1：不可以，大气压可能可以支撑更高的水柱。

在学生回答的基础上，用较长的管子（约1.7 m）进行演示实验，如图8所示，让学生观察，发现水柱还是充满整个管子，接着提问：那要怎么办？

学生2：改用更长的管子。

学生3：改用密度更大的液体进行实验。

学生翻阅资料查找密度最大液体是什么。

学生4：水银，常温下是液体。

教师介绍水银易挥发，若被人吸入，会对身体造成伤害，不能现场演示。再介绍新材料：镓铟锡合金，无毒，相对较安全，密度为6.3 g/cm³，熔点为11 ℃，常温下处于液态，利用长为1.5 m左右的管子就能完成实验。

师生共同演示：首先，在量筒中注入适量的镓铟锡合金液体；其次，用注射器吸取适当的合金液体，排出空气后，与PVC管的一端相连接，管另一端放入量筒中，保持注射器的高度与量筒内的液面高度相近，将液态合金注入PVC管，待PVC管内充满液体，在管子大约1.4 m处对折，用夹子夹紧；最后，将PVC管立起来，固定在支架上，上下移动刻度尺，使刻度尺零刻度线与量筒内的液面相齐平，读出PVC管内液面所处的高度，并记录。

提问：为了减小实验误差，我们可以怎样处理？

学生：可以多次测量。

本次测量液柱高度为 127.0 cm，带入液体压强公式：

$p=\rho_液 gh$=6.3 × 10^3 kg/m^3 × 9.8 N/kg × 1.27 m=78409.8 Pa ≈ 784 hPa

这样就测出了气压值，完成实验探究。

4. 延伸问题，了解大气压的变化

阅读教材，介绍托里拆利实验。上一实验的原理与托里拆利实验原理相同，意大利物理学家托里拆利用水银做实验，支撑的水银柱为 760 mm，由此计算出大气压强值为 1.013 × 10^5 Pa。提问：为什么我们测量的值跟教材中的值差距有那么大呢？

学生通过阅读教材，了解大气压的变化。教材中给出的气压值称为标准大气压，大气压主要因海拔的变化而变化，在海拔 3000 m 以内，大约每升高 10 m，大气压减小 100 Pa。珠穆朗玛峰上的大气压，约是海平面的 30%，空气稀薄、缺氧，燃烧困难，人体也会出现各种不适应的症状，即出现"高原反应"。

5. 课堂练习，巩固应用

使本实验中玻璃管倾斜，液柱的高度会变化吗？为什么？如果把管子稍微向上提或往下移动一段距离，并保持管口始终未露出液面，管内液柱的高度又将如何变化？如果用更粗的管子做实验，得到的结论会相同吗？

6. 实践性作业

在长约 11 m 的气管中加满水，将一端封闭，另一端放入盛有水的水桶中，将封闭的一端用绳子吊起，看看大气压强能支撑的水柱有多高，算一算大气压强值是多少？若把实验装置移到海拔较高的山顶上开展实验，会是什么结果呢？对比今天我们做的实验，分析哪些实验因素会影响实验结果。

八 实验效果评价

1. 托里拆利实验结果分析

参考中国气象局发布的禄劝天气预报数据，如图9所示，开展实验那一段时间（8月21日下午14：00左右）的气压值 p_0=793.5 hPa。

图 9

与本次实验得出的大气压强值相比，得到相对误差为

$$\delta = \frac{p_0 - p_{测}}{p_0} \times 100\% = \frac{793.5 \text{ hPa} - 784 \text{ hPa}}{793.5 \text{ hPa}} \times 100\% \approx 1.2\%$$

相对误差小于5%，说明实验效果良好。

2. 实现了托里拆利实验进入课堂

利用镓铟锡合金和改进后的实验装置，实现了托里拆利实验进入课堂，利用常见的夹子密封管子，实现了良好的密封效果，得到了较为准确的测量结果，而且实验操作过程简便安全，可重复性强。

3. 实验教具取材生活化

新版课程标准提倡师生利用身边的物品、器材、材料自主开发物理实

验器材。以上实验教学过程除了镓铟锡合金，还用到了学生所熟悉的物品：管子、罐子、瓶子、泡沫 KT 板、夹子、气嘴、注射器等。而且利用这些物品开发的实验器材，实验效果都比较好，这也体现了"从生活走向物理"的课程理念。

4. 体现学生的主体地位

本实验教学虽然都是演示实验，但都有学生参与动手的过程，利用身边的物品创设实验情境，学生思维活动、学生的物理核心素养得到了发展。

拓展实验：镓铟锡合金密度的测量

注射器抽取合金液体，并测出体积，电子秤测质量，测量了以下三组，如图 10、图 11、图 12 所示。

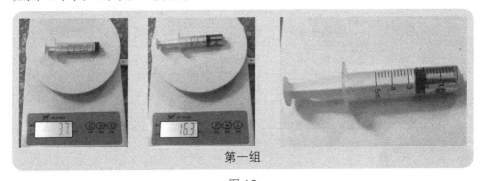

图 10

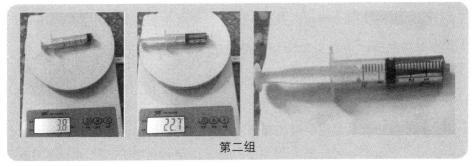

图 11

第三组

图 12

表 1 是将测量结果统计，得到镓铟锡合金的密度为 6.3 g/cm³。

表 1　镓铟锡合金密度测量数据表

次数	空注射器质量 /g	合金和注射器质量 /g	合金质量 /g	合金体积 / cm³	合金密度 g/cm³	合金密度平均值 g/cm³
1	3.7	16.3	12.6	2	6.3	
2	3.8	22.7	18.9	3	6.3	6.3
3	3.8	29.2	25.4	4	6.35	

专家点评

"托里拆利实验"案例教学利用覆杯实验进行引入，创新改进系列实验，以覆杯实验为基础，设置问题串，串联托里拆利实验，实验教学循序渐进展开，形成实验阶梯，搭建学生阶梯思维，完善学生知识体系，发展学生敢于创新、乐于创新的精神。

1. 实验创新点及优点

本节实验教学案例要求能理解大气压强的存在；了解标准大气压的数量级；了解大气压强的测量方法，知道托里拆利实验的实验原理；能通过实例说出大气压强在生产、生活中的应用。通过体验科学探究过程，培养学生论证、评估、反思的能力，学习科学探究方法。经历实验方案的设计过程，培养学生发现问题、解决问题的能力。

本节实验教学案例主要针对托里拆利实验进行创新设计，符合新课程改革的要求。利用自带密封胶圈的方形玻璃储物罐和汽车轮胎气嘴制作成真空罐，在真空罐中演示覆杯实验，与空气中的覆杯实验进行对比，打破传统教学中逆向思维推理出大气压强的存在，从正面说明是大气托起了塑料片，进而说明了大气压强的存在，降低学生思维难度，帮助学生形成物理观念，培养学生物理逻辑推理的思维能力。

托里拆利实验的原理是学生的理解难点，在真空箱中演示液柱变化实验，通过不断抽气，看到液柱不断降低，停止抽气后，再打开气阀，空气进入真空箱中，液柱又上升了，从正、反两方面充分说明了液柱是被大气压托起的，帮助学生理解托里拆利实验的原理，为学生搭建思维支架，突破教学难点。

大气压强的测量是本节课的教学难点，由于水银有毒，在课堂上无法再现托里拆利实验，通常是以播放实验视频的方式让学生学习了解托里拆利实验，有一定的局限性，不能提供真实的实验情境，缺乏真实感。而本案例对托里拆利实验进行了改进，利用无毒的镓铟锡合金材料替代了水银，改进了实验装置；实验中利用常见的夹子密封管子，实现了良好的密封效果，得到了较为准确的测量结果。实验操作过程简便安全，可重复性强，实现了托里拆利实验进课堂，拉近了学生与经典实验的距离，实验真实感强，突破教学难点，帮助学生掌握托里拆利实验。利用身边的实验器材进行实验改进，符合新版课程标准中提倡的师生利用身边的物品、材料自主开发物理实验器材，体现了"从生活走向物理"的教学理念。

2. 实验的不足和改进

本节课在真空环境中设计了两个创新实验："真空环境下"的覆杯

实验和"真空环境下"的液柱变化实验，二者都在低压环境中完成，证明了大气压强的存在，并说明了托里拆利实验的原理。两个实验分别用了两个不同的真空罩，从实验器材的使用上不能实现一个平台多用，实验器材不够精简，建议将这两个实验设计在一个真空罩平台上完成，使实验操作更加简单方便。

3. 教学中的注意事项

《义务教育物理课程标准（2022年版）》要求学生"知道大气压强及其与人类生活的关系"。对于大气压强，教师应强调大气压强与人类生活密切相关，并创设情境，让学生在许多问题情境中认识大气压强。

本节实验教学案例注重对托里拆利实验原理的引出和讲解，但是对于大气压强存在的证明略显单薄，仅仅用了覆杯实验从正、反两方面去证明。物理离不开生活，可以分组进行实验设计，在更多的实验情境中认识大气压强，证明大气压强的存在，列举鲜活的生活实例，说明大气压强的存在，强调大气压强与人类生活密切相关。

创新案例 8　声现象

黑龙江省佳木斯市第五中学　于群

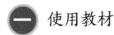 使用教材

本节实验教学案例选自《义务教育教科书　物理　八年级　上册》人教版第二章。声音实验是初中物理探究实验的起点，本案例所涉及的教材实验包括音调与频率的关系和响度与振幅的关系，并且通过示波器展示了音调、响度不同时，波形的不同。两个实验都展示了探究过程并且能够帮助学生看出波的形式，却不太容易使学生自发地根据这些波形的不同总结得出音调和响度的影响因素，并能判断音调、响度的不同。那么用什么方法，能在保留各波形优点的同时还能将不同声音的波形串联起来，让学生通过探究，建立知识的内在联系呢？（见图 1）

图 1

二 学习目标

根据《义务教育物理课程标准（2022年版）》，结合新时代中学生的核心素养，经过本节课的学习，学生需要达到的学习目标是：在掌握声音是由物体振动产生的同时，通过自主探究不同音调和响度的波形特点，总结音调和响度的影响因素，经历科学的探究过程，掌握科学的探究方法，培养科学的探究精神以及严谨的思维态度（见图2）。

图 2

三 实验创新

基于上述分析和思考，本节课采用下列器材开展实验教学。器材的主体部分为旋转平面镜、附有橡皮膜的空易拉罐、激光笔、麦克风。辅助实验器材为音叉。实验观察对象是白板上的声音波形图（见图3）。

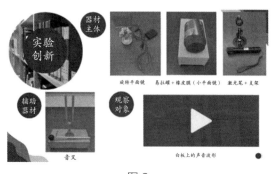

图 3

实验前调整激光笔和易拉罐上小平面镜的位置，使激光能通过小平面镜反射到旋转平面镜上。启动旋转平面镜的电动机，可看到白板上出现一条直线，对着空易拉罐发声，白板上的直线变为正弦曲线（见图4）。

图 4

该器材能高度模拟示波器，在易拉罐接收声音的同时，白板上有波形显示。为使实验效果更明显，在易拉罐中放置一个带有扬声器的麦克风。实验器材可将音调和响度不同的声音，在白板上清晰显示并对比，实现一器多用，达到知识归一的目的。

在实际的教学活动中，学生利用自制的实验器材，在白板上接收到了音调和响度不同的声音，并从中主动意识到这些声音的波形有所不同，而波形的不同是由于音调和响度的影响因素不同，最终形成了知识网络，掌握了必备知识，学习效果显著。

四　教学过程

教学的主体部分为学生的实验活动，实验前要求学生以小组为单位，观察器材结构，讨论器材的使用方法，教师进行适当的引导，学生可根据实验现象探究发现并总结出音调和响度的影响因素以及波形的特点（见图5）。

图 5

实验一：男同学和女同学对着橡皮膜发声，同组同学观察发声波形有什么不同（见图 6）。

实验发现：女同学的音调比男同学的音调高，波形更密集（见图 7）。

图 6

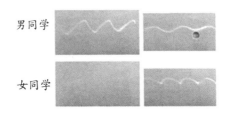

图 7

实验二：女同学从低音 do 到高音 do 发出"啊"的声音，观察波形的变化（见图 8）。

实验发现：音调与频率有关，音调越高，波形越密（见图 9）。

图 8

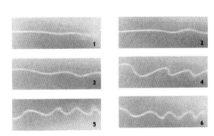

图 9

实验三：男同学分别发出响度大小不同的声音，观察波形有什么不同。

实验发现：响度越大，波形越高（见图 10）。

图 10

实验四：女同学分别轻敲和重敲音叉，观察波形有什么不同。

实验发现：响度与振幅有关，振幅越大，响度越大，波形越高（见图 11）。

图 11

实验五：重敲一下音叉，将音叉远离橡皮膜，之后再次靠近橡皮膜，观察波形的变化。

实验发现：响度还与距离发声体的远近有关，距离发声体越远，响度越小，波形越低（见图 12）。

图 12

在这个环节中，学生通过看到不同的波形，自主提出问题，并进行验证，得出结论。有操作，有质疑，有探究，有总结，参与度和积极性都很高。

五 教学评价

从教学设计上看，本案例各实验环节内在关联性强，兼顾学生的实验操作和知识的掌握，从学生自主发问到总结规律，将教材的知识生活化、趣味化，物理教学需要的就是严谨，通过细微处来查找波形的不同，从而培养学生学习过程中的认真态度。

从仪器改进与创新上看，本案例所用实验器材创新性强，将声音可视化，一器多用，并使教材中的现象模型化，将只能感性感知的声音转换成可视的模拟信号，使之更为直观。

从知识的迁移上来说，本案例让学生更容易将教材中的知识通过实验现象关联起来，让学生感受到它们并不是孤立的知识点，而是可以与第 4 节中噪声的相关内容进行整合，承上启下（见图 13）。

图 13

讨论式、质疑式的教学，有利于发散思维、创新思维的发展。声现象作为初中物理探究实验教学的开篇，给学生学习物理开了个好头，通过实验探究、创新、自制、发现的过程培养学生主动学习的能力，使学生在"学中做，做中思，思中学"，最终唤醒学生的潜能。

专家点评

本教学案例实验设计巧妙，教学的主体部分为学生的实验活动，实验前要求学生以小组为单位，观察器材结构，讨论器材的使用方法。随后，学生在教师的引导下发声，利用自制的模拟示波器来帮助学生理解声现象，直观且生动。同时，教师引导学生分析波形图，帮助学生理解不同声音特征与波形之间的关系，提高了学生的分析能力。该方法还能提高学生的参与度和兴趣，培养学生的探究精神和科学素养。

1. 实验创新点及优点

本案例中包含两个创新实验，实验一为音调与频率的关系，自制的模拟示波器能够直观地展示声波的波形，帮助学生理解抽象的声学概念。通过电动机旋转平面镜来实现类似于示波器的扫描电压功能，通过在橡皮膜上加一个平面镜来实现类似于示波器的信号电压功能，通过扬声器实现了信号的放大功能，通过激光笔的光斑移动来将声音信号的图像展示出来。这一技术手段设计得非常巧妙，可以很直观地展示声音的波形，也为学生今后学习示波器，理解示波器的原理打了基础，做了铺垫。实验器材既可以研究不同音调的声音波形，也可以研究不同响度的声音波形，实现一器多用，达到知识归一的目的。

实验二为响度与振幅的关系，该实验设计了学生轻敲和重敲音叉的环节以及音叉远离和靠近橡皮膜的环节，引导学生通过观察和思考敲击音叉力度不同引起的波形变化，探究响度与振幅的关系。响度还与距离发声体的远近有关，距离发声体越远，响度越小，波形越低。该实验不仅能帮助学生理解响度与振幅的关系，这可以用于探究其他声音现象和规律，具有较高的实用价值。

2. 实验的不足和改进

在本实验中，教师通过周期性地转动平面镜来实现扫描电压的功能，这是一个比较巧妙的设计，但是应该注意一些细节。首先，平面镜是匀速转动的，也就是相同的时间内转过相同的角度，但是用一个白板去承接光点时，由于白板的不同部位与光源的距离不同，导致在水平方向上光点的线速度并不相同，也就是光点在白板上做的并不是匀速直线运动，这会影响波的形状。建议可以将一个白色纸板弯折成圆弧状，让光源位于接近圆心位置，并进行匀速转动，这样光点的水平方向运动能够更加接近匀速直线运动。其次，要想在屏幕上得到稳定的波形图样，需要使"扫描频率"与声音的频率呈整数倍的关系，因此建议给转动平面镜的电机加一个电位器，来实现对其转动频率的调节和控制，以达到稳定的图像显示效果。

3. 教学中的注意事项

本节教学案例的设计以教学实验的改进为主，可以增加一些教学内容，让其成为一个完整的教学说课，同时体现这个实验对于整节课教学的重要作用。在实验前和实验后可以适当增加理论讲解的环节，帮助学生更好地理解音调、频率、响度和振幅等概念，引导学生思考这些概念在实际生活中的应用，提高他们的学习兴趣和应用能力。此外，还应鼓励学生在实验过程中进行创新尝试，如改进实验装置、尝试新的实验手段，通过这种方式，培养学生的创新思维和实验能力。

创新案例 9　声音的产生与传播

辽宁省营口市雁楠中学　周斌

一　使用教材

本节实验教学案例选自《义务教育教科书　物理　八年级　上册》人教版第二章第 1 节 "声音的产生与传播"。

二　实验器材

压舌板、吸管、纸条、橡皮筋、音叉、悬挂有泡沫小球的铁架台、音箱、自制声光结合实验演示器、手机、大注射器、蜂鸣器、橡皮、鼓、盆、细线、真空罩等。

三　实验创新要点

由学生自制的简易小口琴引入课程，充分体现实验教学魅力。用声光结合的方式将声音产生的现象放大化，实现震撼十足的视觉效果。适时地运用手机软件，实现抽象知识的可视化呈现。运用挑战赛的创新形式，落实实时参与、及时评价。

四　实验教学目标

1.通过观察和实验初步认识声音的产生与传播；知道声音是由振动产生的；知道声音的传播需要介质，真空不能传声。

2.通过观察和实验相结合的方法，探究声音的产生与传播；通过观察一切发声体都在振动，振动停止发声也停止，概括出"声音是由物体振动产生的"；通过实验渗透科学研究的方法——化抽象为具体，化细微为显著。

3.本节知识易学易会，又多了听觉感知，给学生以美的享受，使学生乐于探索自然现象和日常生活中的物理知识；激发学生的学习兴趣和对科学的求知欲望，培养学生热爱科学的积极情感；注意在活动中培养学生间的交流合作意识。

五　教学重点与难点

教学重点：声音产生的原因，声音的传播需要介质，声是以声波的形式传播的。

教学难点：设计探究实验，培养学生观察、实验、概括的能力。

六　实验教学内容

通过演示实验和分组实验探究声音的产生与传播。

七 实验教学过程

1.第一关：走入声音的世界——自制小口琴

课前给学生准备好压舌板、吸管、纸条、橡皮筋等材料，如图1所示，并展示出制作好的简易小口琴，让学生动手制作，充分展现实验教学的独特魅力。

图1　自制小口琴

2.第二关：争分夺秒——探究声音的产生原因

（1）指导学生动手探究，感受"振动"。将事先准备好的实验器材展示在学生面前，请学生自选实验仪器，用不同的方法使其发出声音，并观察物体在发出声音时有什么特点。

（2）学生分组实验完成音叉振动发声的实验探究。实验中将敲击发声的音叉触及铁架台上悬挂的小球，观察到小球被弹起，渗透将微小振动放大的转化法思想。

（3）小组之间交流实验体会：在以上实验中，发声的物体相同吗？这些物体在发声时，有什么相同点？

在学生探究和发言的过程中，教师及时用激励的话语来肯定每一位学生的说法和做法，并利用声光结合实验演示器，如图2所示，将声音的产生现象放大化，实现震撼感十足的视觉效果。通过以上的演示实验，用视听的冲击力使学生领悟到"声音是由物体的振动产生的"。

图 2 声光结合实验演示器

3. 第三关：追随科学家的足迹——探究声音的传播

教师借助多媒体手段演示真空罩实验，引导学生认识到"声音的传播需要介质、真空不能传声"。

学生分组实验：如图 3 所示，将发声的蜂鸣器放于大注射器中，推动大注射器的活塞，在不压坏蜂鸣器的前提下，尽量将注射器中的空气排出。用手或橡皮将大注射器口封闭，拉动活塞使大注射器中的空间增大，空气变稀薄，感受蜂鸣器声音大小的变化。通过亲身体验，学生更真切地感知到声音的传播需要介质，真空不能传声，同时向学生渗透实验推理的物理研究方法。

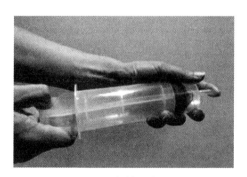

图 3 注射器实验

演示：借助声音波形图软件模拟声音波形图特效，如图 4 所示，给学生展示声音产生后向外传播的波形图，加强学生对声音以波的形式向外传播的理解。

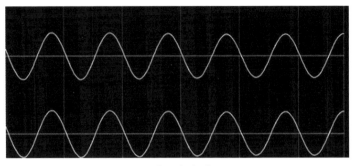

图 4　模拟声音波形图

4. 第四关：制作大比拼——自制土电话

在了解气体可以传声的基础上，通过演示实验，加强学生对液体可以传声的理解。进行分组实验，自制土电话，如图 5 所示，体验固体也可以传声。

图 5　自制土电话

教师在本环节及时解决学生操作中遇到的问题，用竞争的机制调动学生的积极性。

5. 第五关：幸运考场——你学会了吗？

展示关于声音的四个诗句或成语，每个后面都连接一道与本节内容相关的问题，以游戏抢答的形式请学生根据学到的内容回答。教师在此环节中注重将物理知识和其他学科知识融合，注重学科思政的有效落实，培养学生的核心素养。

6. 第六关：自由论坛

新课改倡导"教师式的学生，学生式的教师"，为了让学生从台下走到台上，从被动走向主动，特设置了"自由论坛"环节。围绕"本节课你有哪些收获？学到了什么方法？还有哪些疑惑（或困惑）？"让学生畅所欲言，使知识内化于心，让学生的成长自然发生。

八 实验教学效果评价

本节课以闯关的教学形式，融合学生大量的动手实验，将声音的产生和声音的传播相关知识由浅入深，自然突破。在教学策略上有效实现了三个转变：由重知识传授向重学生发展转变；由重教师"教"向重学生"学"转变；由重结果向重过程转变。落实了新课标的精神，提升了学生的核心素养。

本节课打破常规的引课方式，突出实验教学的特点，以制作小口琴引入新课，自然生动。实验过程中，注重学生的体验感和实操性。把微观的现象宏观化，把可视、可感的现象放大化、震撼化，把生活中的认知贯穿于课堂之中。把老一辈物理人"瓶瓶罐罐当仪器、拼拼凑凑做实验"的韧劲传承和发扬下去。

注重传统文化教育，实现学科知识的融合，落实学科思政的育人理念，构建了一种平等和谐、合作交流、共同进步的新型师生关系。

专家点评

本教学案例运用挑战赛形式的课堂创新模式，从学生自制简易小口琴出发，进一步深入探究声音的产生原因，学生通过亲自动手，领悟声音是由物体的振动产生的。在此基础上，借助多媒体演示真空罩实验，使学生对真空不能传声的知识产生初步认识。之后引导学生亲自体验蜂鸣器在注射器中声音大小的变化，帮助学生更真切地理解声音的传播需要介质。了解气体传声后，分别对液体和固体传声做了相关演示实验，巩固所学内容。最后对课堂上的内容做梳理和总结工作，以便学生建立完整的知识体系。整个教学环节紧密相连，层层递进，教学内容富有深度和启发性，实现"以教师为中心"到"以学生为中心"的转变，充分体现了新课标的教学理念。

1. 实验创新点及优点

实验一为自制小口琴的实验。不同于传统的由理论引入物理实验，自制小口琴是一种全新的课堂引入形式。学生借助生活中常见的材料亲自动手制作口琴，认真观察，思考实践，不断尝试和改进。制作成功后，学生对着口琴吹气，当气流通过口琴的簧片时，簧片因受到气流的冲击而发生振动，继而产生声音。教师对此向学生抛出问题，在学生的心底埋下一颗好奇的种子，引发学生对后续实验的兴趣，促使他们主动探究声音产生的原因。

实验二为探究声音产生原因的实验。传统教学通常为教师演示实验，而学生被动接受知识。本实验的创新之处在于让学生自己选择实验器材并动手操作，使他们更加主动地参与到实验过程中。实验不局限于一种方法，而是提供了多种方式让学生观察"振动"现象。学生将敲击发声的音叉接触铁架台上悬挂的小球，接触的同时小球被弹起。通过转化法将微小的振动放大，学生能够更直观地观察到振动现象。利用声光结合的实验演示器材，将声音产生的现象放大，为学生带来震撼的视觉效果。丰富的感官体验激发了学生的兴趣，增强了学生对声音是由振动产生的这一物理结论的记忆。

实验三为探究声音传播的实验。教师通过多媒体手段给学生演示真空罩实验，这种做法直观地展现了声音不能在真空中传播，从而帮助学生理解声音传播需要介质。随后，教师借助声音波形图软件模拟声音波形图，给学生展示声音产生后向外传播的波形图，将抽象的声音传播过程以图形化的方式呈现出来，增强了学生对声音传播的理解。

实验四为自制土电话的实验。传统的实验仅仅通过一种介质的演示证实声音的传播需要介质，本实验的创新之处在于将固、液、气三种形态下的传声都做出证明。学生通过由两个纸杯制作成的简易电话体验到新奇的乐趣，还记录下自己在实验中听到的声音质量、音量大小等信息。液体传声和自制土电话体验固体传声，引导学生探索声音在不同介质中的传播特性。这种明确的目标导向有助于学生在实验过程中保持清晰的思路，确保实验的有效性。

2. 实验的不足和改进

在自制小口琴实验中，实验提供的材料（如压舌板等）可能不是最佳的选择，利用这样的材料，学生可能无法明确发声体，也就很难辨别是谁振动产生的声音。因为把压舌板按在桌子边缘上使之振动的时候，压舌板会与桌子发生碰撞，桌子发出的声音可能也不能忽略，甚至可能是主要的发声来源，这实际上是一个比较粗浅的预实验，但是如果深入研究可以考虑使用如音叉等更专业的材料，能够更加明确发声体，提高实验的科学性。

第三关中教师在播放完真空不能传声的实验视频之后，引导学生将发声的蜂鸣器放于大注射器中，然后用手或橡皮将大注射器的口封闭，拉动活塞使大注射器中的空间增大，让空气变稀薄，从而感受所听到蜂鸣器声音大小的变化。在这个实验中，蜂鸣器发出的声音可能主要会通过注射器的管壁传播出来，导致空气变稀薄时，声音变化并不明显。所以这个实验探究的设计还可以更加精细一些，让声音只通过空气传播，提高实验效果。

3. 教学中的注意事项

本教学设计以"声音是由于物体的振动产生的"概念展开，以探究声音产生的活动为主线，引导学生发现声音产生的规律。教学中，教师让学生根据提供的材料制造声音，观察现象，总结出物体振动产生的声音。实际教学中，在实验之后可以增加横向比较环节，让学生分清声音产生的原因和声音产生的方法，总结出声音产生的直接原因就是物体的振动。

另外，声波实际上是一个学生理解的难点，因为声波是一种无形的存在，所以学生很难想象，在本教学设计中教师通过软件模拟声波的波形来解决这个问题。建议也可以给学生展示水波的图片，让学生从自然界的客体中形成对波的形象认知，再进一步抽象出空气等介质中的声波模型，让学生更好地构建起声波的概念。

创新案例 10 声音的特性

湖北省襄阳市实验中学 丰梁璐

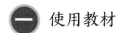 **使用教材**

本实验教学案例选自《义务教育教科书 物理 八年级 上册》人教版第二章第 2 节。

二 实验器材

手机声音示波器、电脑、钢尺、音叉、乒乓球、细线、自制教具等。

三 教学目标

1. 物理观念：了解声音的音调和响度；知道声音的音调跟发声体的振动频率有关，响度跟发声体的振幅和距离发声体的远近有关。

2. 科学思维：通过实验探究活动，锻炼学生初步的观察、实验和思维能力。

3. 科学探究：通过做"音调与频率有关的实验"和"影响响度的因素的实验"进一步了解和学习物理学研究问题的方法。

4. 科学态度与责任：体会现实世界物体的发声是丰富多彩的，更加热爱世界、热爱科学；在活动中培养学生善于与其他同学合作交流的意识与能力。

四 教材分析

教材上探究音调和频率的关系采用的是拨钢尺实验，探究响度和振幅的关系采用的是音叉弹开乒乓球的实验。

演示 将一把钢尺紧按在桌面上，一端伸出桌边。拨动钢尺，听它振动发出的声音。同时注意钢尺振动的快慢。改变钢尺伸出桌边的长度，再次拨动钢尺比较两种情况下钢尺振动的快慢和发声的音调 	不足之处： 钢尺振动的快慢学生难以观察；频率概念的引入过于突兀，学生无法将频率和音调紧密地联系起来
演示 将正在发声的音叉轻触系在细绳上的乒乓球。观察乒乓球被弹开的幅度 使音叉发出不同响度的声音，重做上面的实验。响度与什么因素有关？ 	不足之处： 无法探究响度与发声体之间距离的关系

五 实验创新

1. 方法创新

（1）用手机声音示波器软件代替传统示波器。

（2）采用传屏功能将手机画面实时显示在电脑上。

（3）用相同时间内波形振动的次数来显示钢尺振动的快慢。

（4）采用声音示波器来探究影响响度的因素。

2. 器材创新（探究弦的长短、粗细、松紧对音调的影响）

（1）基本构造：如图1所示，器材的主体部分是一个长木板，上面标有显示琴弦长度的刻度，木板的上方安装了三根粗细不同的铜丝，铜丝的下方垫有弦枕，我们可以通过调节弦枕的位置来改变琴弦振动部分的长度，底座的一侧有三个旋钮，我们通过可以转动旋钮调节琴弦的松紧。

（2）实验方法：控制变量法。

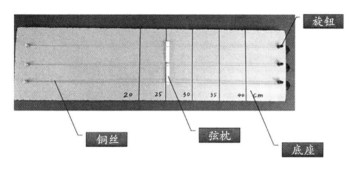

图1　自制教具结构图

六　实验教学过程

1. 学生小组实验

（1）探究影响音调的因素

实验器材：手机声音示波器、钢尺、电脑。

实验操作步骤：将一把钢尺紧按在桌面上，一端伸出桌边。拨动钢尺，听其振动发出的声音，同时在电脑上观察相同时间内波形振动的次数。改变钢尺伸出桌边的长度，重复上述操作。

实验表格（表 1）：

表 1 探究影响音调的因素

实验序号	钢尺伸出桌面的长度	相同时间内波形振动的次数	音调
1	8 cm		
2	6 cm		
3	4 cm		

实验现象（图 2、图 3、图 4）：

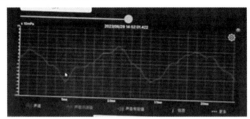

图 2 钢尺伸出桌面长度 8 cm

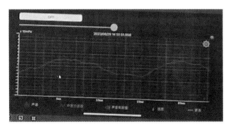 

图 3 钢尺伸出桌面长度 6 cm　　　　图 4 钢尺伸出桌面长度 4 cm

分析与讨论：通过实验现象可以发现，钢尺伸出桌面的长度越短，相同时间内振动的次数就越多，也就是振动得越快，音调也越高。可见音调与物体振动的快慢有关。我们可以用频率表示物体振动的快慢，它代表单位时间内物体振动的次数。由此得出结论：频率越高，音调越高。

（2）探究影响响度的因素

实验器材：手机声音示波器、电脑、音叉、乒乓球、细线。

实验操作步骤

第一步：将正在发声的音叉轻触系在细线上的乒乓球，观察乒乓球被弹开的幅度,同时在电脑上观察波形的变化。

第二步:敲击音叉,来回移动手机声音示波器,观察电脑上波形的变化。

实验现象(图 5 至图 8):

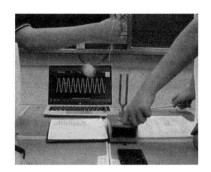

图 5

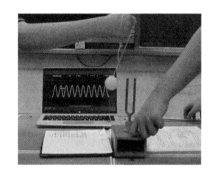

图 6

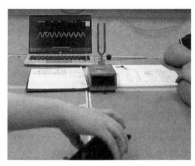

图 7

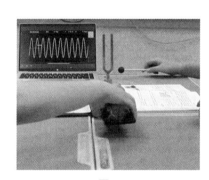

图 8

分析与讨论:从实验现象中可以看出,随着音叉响度的减小,乒乓球被弹开的幅度也减小。乒乓球被弹开的幅度可以显示出音叉振动的幅度,说明响度与振幅有关,振幅越大,响度越大。从波形图中我们还可以发现,随着响度的减小,波形的高度也在减小,我们可以用波形的高低来反映声音的响度。从波形图中可以看出,手机距离音叉越近,波形越高,距离音叉越远,波形越低,说明响度除了和振幅有关之外,还和距离发声体的远近有关。

（3）探究琴弦长短对音调的影响

实验器材：自制教具、手机声音示波器、电脑。

实验操作步骤：选取一根琴弦，改变弦枕的位置，让琴弦振动部分的长度为 40 cm，拨动琴弦，在电脑上观察相同时间内波形振动的次数，并记录在表格中。改变弦枕的位置，让琴弦振动部分的长度分别为 35 cm、30 cm、25 cm，重复上述操作。

实验表格（表2）

表2　探究琴弦长短对音调的影响

实验序号	琴弦的长度	粗细	松紧	相同时间内波形振动的次数	音调
1	40 cm	相同	相同		
2	35 cm	相同	相同		
3	30 cm	相同	相同		
4	25 cm	相同	相同		

实验现象（图9至图12）

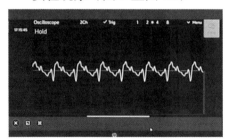

图9　琴弦长度：40 cm

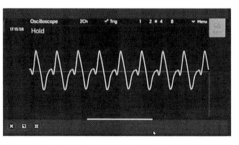

图10　琴弦长度：35 cm

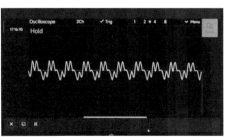

图11　琴弦长度：30 cm

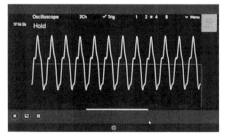

图12　琴弦长度：25 cm

分析与讨论：通过实验现象可以看出，琴弦越短，相同时间内波形振动的次数越多，振动得越快，频率越高，音调也越高。

2.学生作业

利用手机声音示波器软件探测生活中的一些声音，并利用本节课学习的知识解释现象。

七 实验效果评价

1.实验仪器

（1）手机示波器软件

成本低，操作简便，具有可视性。

将音调和响度两个相对独立的概念用波形图联系起来，使知识更加系统化。

（2）自制教具

探究琴弦长短、粗细、松紧对音调的影响，很好地锻炼了学生的实验探究能力，学生进一步了解了控制变量法等物理学研究问题的方法。

2.教学设计

（1）学生小组实验

采用探究式、参与式、讨论式等教学方法，培养了学生科学探究的能力，锻炼了学生的科学思维。

实验分工明确，各司其职，培养了严谨认真、实事求是和与他人交流合作的科学态度与责任。

（2）作业设计

面向全体学生，培养核心素养。

体现从生活走向物理，从物理走向社会。

专家点评

"声音的特性"实验教学案例设计的核心目标在于激发学生对声音本质的好奇心，并通过一系列精心设计的实验活动，引导学生深入探索声音的音调和响度这两个基本特性。丰老师的这一教学案例在实验方法的创新性、实验器材的实用性以及教学设计的整体性上均表现出色，不仅为学生提供了一个互动性强、参与度高的学习平台，而且有效地促进了学生对声音特性的深入理解和科学探究能力的培养。

1. 实验创新点及优点

本节课共有三个创新实验，第一个是利用手机声音示波器软件探究音调与频率的关系，第二个是探究响度与振幅及距离的关系，第三个是利用自制教具探究琴弦长短对音调的影响。这三个实验让学生能够直观地观察到声音特性的变化，增强了实验的互动性和趣味性。

在传统的物理教学中，音调的高低通常需要学生依赖自己的听觉感知，这种方法存在主观性，且难以量化。丰老师巧妙地利用手机声音示波器软件，将抽象的音调转化为可视化的波形频率，这一创新举措极大地提升了实验的科学性和教育效果。学生通过观察波形的频率变化，能够直观地感受到音调与频率之间的正比关系，这种直观的教学方法不仅增强了学生对物理概念的理解，而且提高了他们分析和解决问题的能力。此外，这种实验方法还有助于培养学生的观察力和数据分析能力，为他们的科学探究之路打下坚实的基础。

在探究声音的响度特性时，丰老师采用了一种创新的实验设计，通过音叉弹开乒乓球的实验，结合声音示波器软件展示波形的高度变化，这种多维度的展示方法让学生能够全面地理解影响响度的因素。学生在实验中不仅观察到振幅对响度的影响，还通过改变与声源的距离，直观地感受到距离对响度的影响。这种实验设计不仅让学生在实践中学习物理知识，而且激发了他们对声音现象背后物理规律的好奇心，促进了科学思维的形成。

丰老师自制的教具在探究琴弦长度对音调影响的实验中发挥了重要作用。学生亲手调节琴弦的长度，观察并记录数据，这种自主探究的过程不仅锻炼了学生的实验操作技能，而且培养了他们的科学探究精神。学生在实验中亲身体验到琴弦长度变化对音调的直接影响，这种体验式学习让学生对声音的物理原理有了更深刻的理解。同时，这种实验方法也有助于学生掌握控制变量法，这是科学研究中不可或缺的基本技能。

通过这些创新实验，丰老师不仅成功地将声音的抽象特性转化为学生可感知、可操作的实验现象，而且有效地促进了学生科学素养的提升。这些实验设计不仅提高了学生的学习兴趣，而且为他们未来的科学研究和创新实践奠定了坚实的基础。

在实验设计上，丰老师巧妙地将理论知识与实践操作相结合，通过小组合作和讨论，激发了学生的主动学习热情，培养了他们的团队协作精神和沟通能力。这种教学模式鼓励学生在实验中主动发现问题、提出假设，并在实践中验证和修正，从而培养了他们的科学探究能力和批判性思维。

2. 实验的不足和改进

尽管"声音的特性"实验说课在教学设计和实验方法上展现出显著的创新性和教育价值，但仍存在一些细节上的改进空间。在音调与频率关系的实验部分，学生对于频率这一物理量的理解可能还不够深入。为了增强学生对频率概念的理解，教师可以在实验前提供更加详细的背景知识介绍，并通过互动式教学方法，如动画演示或模拟软件，帮助学生直观地看到频率与音调之间的关系。此外，可以通过设计一系列对比实验，让学生观察不同频率声音的波形，从而加深对频率影响音调的认识。

在实验内容的拓展方面，可以引入更多关于音色的探究。例如，通过比较不同乐器或不同材质发声体产生的声音，让学生理解音色的多样性和复杂性。这样的实验不仅能够丰富学生的声音知识，还能激发他们对声音研究的兴趣，培养他们的观察能力和分析能力。

3. 教学中的注意事项

在教学实施过程中，教师应确保学生对实验目的和操作步骤有清晰的认识。特别是在使用现代科技工具如手机声音示波器软件时，应提前进行技术培训，确保学生能够熟练掌握操作技巧。同时，教师应鼓励学生在实验后进行深入的反思，提出自己的见解和疑问，以培养他们的批判性思维。在实验安全方面，教师应特别关注学生在使用可能产生噪声的实验器材时的听力保护，确保实验环境的安全性。

总体来说，丰老师的"声音的特性"是一次成功的实验教学创新实践，它不仅提升了学生对声音特性的理解，而且让学生充分体验了实验探究的过程，提高了实验的效果，培养了学生的科学思维，让学生对声音的特性有了更加深入的思考。

创新案例 11　乐音

甘肃省兰州市第三中学　冒签签

 使用教材

本节实验教学案例《义务教育教科书　物理　八年级　上册》北师大版第四章第二节。声现象是学生学习机械运动后的又一类物理现象，本节内容是声现象中的重点内容，也是难点内容。本节知识的学习对于学生构建系统的声现象体系至关重要。

 实验教学目标

1. 物理观念：了解声音的特性，能用声现象的相关知识解释自然界的有关现象，解决日常生活中的有关问题，形成初步的运动和相互作用观念。

2. 科学思维：在研究声音的特征时，能通过实验现象分析、归纳出影响音调和响度的因素；会利用将微小变化放大的方法——转换法设计实验；能通过实验现象分析、归纳出影响音调和响度的因素。

3. 科学探究：会设计实验探究音调与频率的关系；探究响度与振幅的关系。

4. 科学态度与责任：在设计和验证实验中逐渐培养学生对声学知识的兴趣，以及严谨认真、实事求是的科学态度。

三 实验器材

1. 物理实验仪器类：钢尺、频率为 256 Hz 和 512 Hz 的音叉、小锤。
2. 乐器类：长笛、小提琴、单簧管、牛皮鼓、自制水杯琴。
3. 信息交互软件：传屏、投屏软件，手机模拟示波器。
4. 虚拟实验平台：中央电化教育馆 3D 虚拟实验室。

四 实验设计思路

1. 虚拟实验与真实实验相结合。在交互式电子白板的授课环境中，借助"央馆虚拟实验"实现了虚拟实验与真实实验相补充的融合教学，虚实结合、虚拟有度。既引领学生进行了充分的实验探究，又借助虚拟实验突破了传统实验的不足，将波形图清晰呈现，让学生能够清楚观察。突出了重点，突破了难点，实现了教学上的拔高与拓展。

2. 物理与音乐跨学科融合。本节课的另一大特色是物理与音乐碰撞出了别样的火花，从引入新课时全班学生的手势操，到水杯琴的演奏、了解长笛的发声原理、鼓的敲击，最后通过现场演奏乐器时动听的音乐和优美旋律中蕴含的丰富物理知识，有效促进了科技与艺术的深度融合。

3. 信息化教学手段创新。多次使用笔记本与白板、手机与白板交互。利用手机模拟示波器和投屏功能，完成用手机采集实验数据，实时传递到白板的操作，节省时间的同时，学生可以直观地看到波形图的变化规律。

五 实验教学内容

根据本节课的特点，设置如下四个教学环节：新课引入、新课教学、课堂小结和课后作业。教学流程图如图 1 所示。

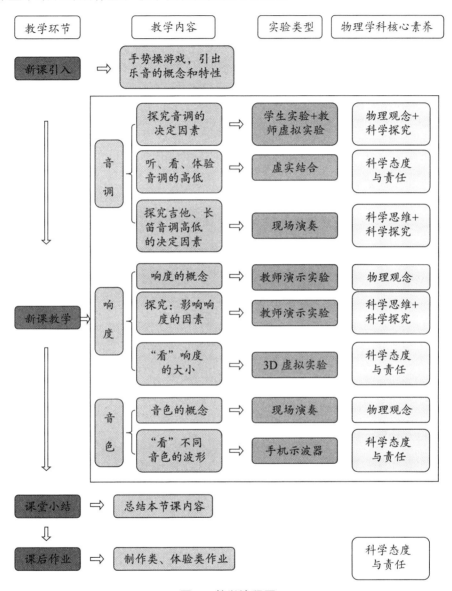

图 1 教学流程图

实验教学过程

1. 新课引入

"万事开头难"，良好的开端是成功的一半。针对学生的好奇心理，设置教学情境：如图 2 所示，利用放松游戏手势操——《你笑起来真好看》，让学生跟着音乐的旋律，通过拍手拍桌、打响指等动作，创造属于自己的声势律动，从美妙的音乐声中进入课堂。

图 2　放松游戏手势操

2. 新课教学

（1）音调

学生实验：探究音调与频率的关系

在探究音调与频率的关系时，通常是采用教科书中手拨钢尺的实验，如图 3 所示。而这个实验有两大问题：一是钢尺振动看不清；二是钢尺发声沉闷，音调变化难以分辨，听不准。因此，学生有可能无法得出正确结论。基于以上两点，我在教学中做了改进，如图 4 所示，借助中央电化教育馆虚拟实验的演示，学生很容易看清振动，听准音调，得出音调的高低由发声体的频率决定这一结论。

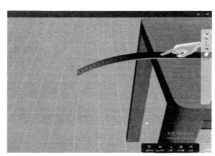

图 3　传统实验研究音调　　　　　图 4　虚拟实验研究音调

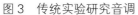

演示实验："听"音叉音调的高低

如图 5 所示，教师用同样大小的力度分别敲击频率为 256 Hz 和 512 Hz 的音叉，学生判断两个音叉音调的高低。

演示实验："看"音叉音调的高低

如图 6 所示，通过虚拟实验，展示不同音叉的振动波形，通过对比两道波形，再一次证明音调与频率有关，振动频率越高音调越高。并且通过此实验，学生了解发声体的振动与示波器波形的对应关系，为下面使用示波器软件来进行探究实验做好知识铺垫。

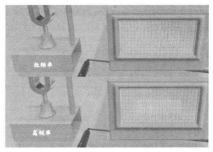

图 5　"听"音叉音调的高低　　　　　图 6　"看"音叉音调的高低

学生活动：体验音调的高低

在体验音调高低的环节，设计了两个体验活动。第一个体验活动是提前利用手机调音软件自制教具——水杯琴。课上打乱位置，如图 7 所示，让学生按照音调高低排序，体验敲击水杯琴时，水越少，音调越高。接着，请一名学生，使水杯琴按照特定音调变化准确发声，敲一首完整的曲子。

第二个体验活动是一名学生现场用长笛演奏，如图 8 所示，其他学生观察吹奏过程中手指的动作变化。通过观察，总结得出：管乐器音调的高低与管内空气柱长短有关，空气柱越短，音调越高。

图 7　水杯琴演奏　　　　　　图 8　管乐器演奏

学生完整地经历了听、看、体验三个探究过程，充分感知声音的特性——音调。

（2）响度

演示实验：探究响度与振幅的关系

在学习响度时，教材提供的实验方案是在鼓面撒碎纸屑，敲击鼓面来探究响度的影响因素——振幅。而在实际操作时，鼓皮振动虽带动纸屑振动，可后排同学仍然无法清楚地观察现象，针对这个问题，我的改进方案是，利用手机相机和手机投屏软件放大实验细节，使实验效果更清晰直观地显示，如图 9 所示。

虚拟实验：看响度的大小波形图

仍然利用中央电化教育馆虚拟实验看响度的大小波形图。至于响度的另一个影响因素，教材中只提到"响度还跟人到声源的距离有关"，但并未显示相关的探究活动。为此，我的创新是在虚拟实验室中用同样大小的力敲击音叉，改变音叉到示波器的距离，可得到两个幅度不同的波形，如图 10 所示。

图9 探究响度与振幅的关系　　图10 响度不同的波形

（3）音色

学生活动：听乐器演奏，听音色的不同

学生奏响乐器做实验，巧借手机看振动。如图11所示，请三名学生分别使用不同乐器演奏歌曲，让学生感受不同乐器的音色，判断乐器种类。

图11 乐器演奏

实验：看不同乐器的音色波形

如图12所示，利用屏幕共享软件和手机模拟示波器软件，把不同音色的波形投屏到白板，将波形图清晰呈现，让学生能够清楚观察。

3.课堂小结（见图13）

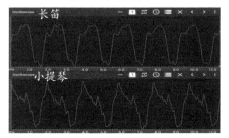
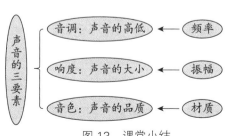

图12 不同乐器的音色波形　　图13 课堂小结

4. 课后作业

为促进不同层次学生的可持续发展，根据学生个体差异，布置分层作业及制作类、体验类作业，巩固所学知识，促进拓展应用。

七 实验效果评价

1. 虚实结合：通过虚实结合，让原本不太好观察的实验现象能够通过信息化的手段得到充分的观察与直观的感受，学生对所学的知识也有了更加清晰的认识，同时增强了学生对实际问题的解决能力，提高了对新技术的应用能力。

2. 信息交互：用手机当实验工具，利用手机模拟示波器软件投屏功能，完成用手机采集实验数据，环节紧凑的教学过程和信息化的教学手段，让课堂高效而有序。

3. 学科融合：摒弃了课本上发声不明显的探究实验，直接选取生活中的乐器作为实验仪器，学生将平时演奏的乐器和自己制作的乐器带到课堂上，以此来研究声音的特性。课堂里乐音环绕，每个学生都喜闻乐见，体现了本课"物理、音乐、生活的有机融合"。

专家点评

冒签签老师在"乐音"教学案例中，巧妙地引导学生从对声音特性的直观感受出发，逐步深入探究声音的科学规律。通过精心设计的实验活动，学生不仅能够直观地观察到声音的音调、响度和音色变化，还能够在实验中自主发现问题，进行深入的探究。在此基础上，学生通过使用手机上的模拟示波器软件等信息化教学工具，对实验数据进行分析，从而自主归纳出声音特性的规律。

1. 实验创新点及优点

本节课共有三个创新实验，第一个是虚实结合探究音调与频率的关系。通过虚拟实验平台，学生能够直观地看到不同频率下物体振动的图像，这种创新方法不仅增强了学生对音调与频率关系的理解，而且提高了实验的可视化程度。第二个是自制水杯琴的体验活动。学生通过敲击不同水量的水杯，亲身体验音调的变化，这种实践活动不仅让学生在乐趣中学习，而且培养了他们的动手能力和科学探究精神。第三个是利用手机模拟示波器观察不同乐器演奏时的波形。这一实验让学生能够直观感受到音色的差异，同时通过波形的对比，加深了对音色特性的认识。这三个实验的设计，不仅让学生能够清晰地观察到声音的物理特性，而且通过自制教具和信息化工具的辅助，学生能够更好地理解声音的科学原理，有效地促进了学生对声学知识的深入探究。

冒老师的"乐音"课程设计紧密围绕声音特性的核心问题，采用了以问题为导向的探究式教学方法。在教学过程中，教师尊重学生的主体地位，鼓励学生主动参与，通过自主探究的过程，学生不仅能够体验到学习的乐趣，还能够在实践中发现问题并尝试解决问题。这种教学策略有效地培养了学生的科学思维和探究精神，体现了在运用中学习的教育理念。

此外，课程中的实验活动设计巧妙，如自制水杯琴和利用手机模拟示波器观察不同乐器的音色，这些活动不仅让学生在实践中学习，而且增强了他们对声音特性的直观感受。通过这些创新的实验设置，学生能够在轻松愉快的氛围中掌握知识，同时也培养了他们的团队合作能力和创新思维。这样的教学设计不仅符合学生的认知发展规律，而且有效地提高了学生的学习效率和积极性。

2. 实验的不足和改进

在"乐音"教学案例的实验环节中，虽然整体设计新颖且效果显著，但仍有一些细节可以进一步优化。例如，在探究音调与频率关系的实验中，学生在观察虚拟实验时，可能会对虚拟实验与真实实验是否相符存在质疑，如果辅助用快速摄像机或者手机的慢动作摄影功能对于振动的钢尺进行观察，就会更加有说服力。虚拟实验可以对真实实验进行有效的补充，但是如果能用真实实验实现的还是应该多用真实实验。在音色的探究实验中，学生在通过手机模拟示波器观察不同乐器的波形时，可能会遇到波形识别的困难。为了帮助学生更好地理解波形与音色之间的关系，可以提供一些辅助工具，如波形分析软件，帮助学生更清晰地识别和比较不同乐器的波形特征。在教学过程中，教师可以引导学生讨论和反思实验结果，鼓励他们提出自己的见解和疑问。这种批判性思维的培养对于学生理解声音特性至关重要。通过这些改进措施，可以进一步提升实验教学的效果，帮助学生更深入地理解声音的物理特性，同时培养他们的科学探究能力和严谨的科学态度。

3.教学中的注意事项

在实施"乐音"教学案例时，教师应注意在学生进行声音特性探究之前，可以让学生对声音的基本概念有所了解，为此，教师可以在实验前通过课前的音乐分析，让学生对于乐音的三要素有一个基本的认知。在实验后，教师应鼓励学生进行反思，提出自己的见解和疑问，培养他们的批判性思维。教师可以通过引导学生讨论实验结果，帮助他们深入理解声音的物理原理。

教师还可以灵活运用多种教学手段，如：实物演示、互动讨论和多媒体展示等，以丰富教学内容，提高学生的参与度和学习兴趣。通过这些综合的教学策略，教师可以帮助学生在实践中学习，在学习中实践，从而更全面地掌握声音的物理特性。

创新案例 12　探究凸透镜成像的规律

陕西省西安市爱知中学　冀军平

一　使用教材

本节实验教学案例选自《义务教育教科书　物理　八年级　上册》苏科版第四章第三节。

二　实验器材

光具座、凸透镜（f=10 cm）、"F"数码管、光屏、自制凸透镜成像规律演示器。

三　实验创新点

1.将光具座刻度尺的"0"刻度线移到刻度尺中间位置，采用双向刻度尺便于物距和像距的测量，如图 1 所示。

图 1

2. 光屏上印有与物体等大的图案，便于比较像与物的大小关系，如图 2 所示。采用数字化光屏，像距的测量误差更小，如图 3 所示。

图 2   图 3

3. 光源采用数码管，便捷环保，测量像距的误差更小，如图 4 所示。

4. 利用照相机演示凸透镜成像规律的应用，如图 5 所示。

图 4   图 5

5. 利用自制的凸透镜成像规律演示器，直观、生动地演示成像规律及光路图，有利于学生掌握成像规律，激发物理学习兴趣，如图 6 所示。

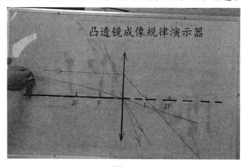

图 6

四 教学目标

1. 探究凸透镜成像的规律。

2. 了解凸透镜成像规律的应用。

3. 通过实验探究，能自主操作实验并分析数据得出结论。

4. 通过对现象的观察，学生能在探究活动中初步获得规律；学习从物理现象归纳科学规律的方法。

五 实验教学内容

探究凸透镜成像的规律。

六 实验教学过程

1. 创设情境，引入新课（5分钟）

（1）让学生利用身边最熟悉的透明水杯做一组实验。

手握水杯，观察物理课本上的字所成的像；将课本缓慢远离水杯，透过水杯观察物理课本上的字所成的像，如图7、图8所示。

图 7

图 8

学生惊奇地发现：用水杯近距离看课本，看到正立、放大的像；用水杯远距离看课本，像是倒立的，有时放大，有时缩小。

（2）让学生利用现有的凸透镜观察远近不同的物体。

提出问题：同样是凸透镜成像，为何差别如此大？

2. 实验准备（5分钟）

（1）阅读课本第88页，自主学习物距和像距的概念，完成自主学习单上的任务一。

（2）教师出示实验器材并进行介绍，"F"数码管光源是被成像的物体，凸透镜焦距 $f=10$ cm，光屏用来承接实像。由于学生第一次接触光具座，首先让大家观察它的结构特点，认识各部分功能，如图9所示。

图9

3. 实验探究（20分钟）

（1）组装器材，完成自主学习单上的任务二，如图10、图11所示。

图10

图11

（2）分组实验，收集数据。

学生每四人一小组，按下面问题进行探究，并在表 1 中进行相关记录。

表 1

物距与焦距的关系	物距 u/cm	像的性质			像距 v/cm	像距与焦距的关系	应用
		正倒	大小	虚实			
$u>2f$							
$u>2f$							
$u=2f$							
$2f>u>f$							
$2f>u>f$							
$u=f$							
$u<f$							
$u<f$							

（小组之间交流与分享，教师及时给予评价、总结。）

（3）完成自主学习单上的任务三（5 分钟），如图 12 所示。

①实像和虚像的区别是＿＿＿＿＿＿＿＿。

②＿＿＿＿＿＿倍焦距处，是物体成缩小像、放大像的分界点；＿＿＿＿＿＿倍焦距处，是物体成倒立实像、正立虚像的分界点。

图 12

（小组之间交流与分享，教师及时给予评价、总结。）

（4）实验再探究，完成学习单上的任务四（3分钟），如图13、图14所示。

图13　　　　　　　　　　　　图14

①将物体向上移动，像_____移动；将物体向左移动，像_____移动。

②将凸透镜向上移动，像_____移动；将凸透镜向左移动，像_____移动。

③将凸透镜的一部分遮挡住，凸透镜_____（能/否）成完整的像。

（小组之间交流与分享，教师及时给予评价、总结。）

七　实验效果评价

1.实验优点：

（1）课前准备充分，重视学生知识储备，学生对于实验的参与度高，注重培养学生自主学习能力、观察能力、动手能力。

（2）分组实验，合作探究，注重学生与他人合作意识的培养和实验习惯的养成。利用自主学习任务单，任务驱动，目标明确，课堂效率高。

（3）小小的创新，大大的方便，对实验的创新与改进简单易推广。改进后的实验器材，弥补了传统教具的不足，使测量结果更准确，现象更明显，结论更直观，便于学生从实验数据中得出结论。

（4）凸透镜成像规律演示器，将凸透镜成像规律与光路图生动地结合起来，增强学生的物理学习兴趣。

2.仍需改进：

（1）坚持自制教具，对实验器材进一步优化，提高器材的可靠性，演示的连续性。

（2）利用图像识别软件等信息化手段辅助教学。

专家点评

本教学案例通过一系列实验活动，有效地引导学生从对凸透镜成像现象的直观感知开始，逐步深入对成像规律的科学探究。本教学案例创新了实验教具，如双向刻度尺、数字化光屏和数码管光源，显著提升了实验的精确性和操作便捷性。学生在实验中能够清晰地观察到成像的变化，并准确记录数据，这为分析凸透镜成像的规律奠定了基础。在此基础上，学生通过自主探究，发现了焦距对成像规律的关键影响，并利用自制的凸透镜成像规律演示器，直观地理解了光路图，从而归纳出凸透镜成像的规律。整个教学过程紧密相连，实验应用合理，实验效果显著，教学方法注重启发，强调学生的主体参与，有效地实现了课程预设的教学目标。

1. 实验创新点及优点

实验一为光具座刻度尺的改进。在传统的凸透镜成像实验中，学生通常需要在单一方向上测量物距和像距，这在操作上存在一定的不便。冀军平老师对光具座刻度尺进行了创新性改进，将"0"刻度线置于刻度尺的中间位置，实现了双向刻度。这一改进显著提高了测量的灵活性和准确性，学生可以轻松地在任意方向上进行测量，无须频繁调整实验装置。这种设计不仅简化了实验操作，还减少了因操作不当导致的误差，使学生能够更专注于实验现象的观察和数据的记录。

实验二为光屏上的图案设计。在传统的凸透镜成像实验中，学生往往难以直观地比较成像的大小与物体本身的差异。为了解决这一问题，教师在光屏上巧妙地印制了与物体等大的图案。这一创新设计使学生能够清晰地观察到成像与物体之间的大小关系，从而更准确地判断成像的大小变化。通过这种直观的视觉对比，学生能够更容易地理解物距变化对成像大小的影响，加深对凸透镜成像规律的认识。

实验三为光源的数字化。在本实验教学案例中，光源的数字化是一个显著的创新点。传统的实验中，光源通常使用蜡烛或灯泡，这些光源存在亮度不稳定、易受环境光干扰等问题。为了提高实验的精确性和可靠性，该教师采用了数字化光源，即"F"数码管作为实验中的光源。这种光源不仅提供了稳定的亮度，而且通过对电压的控制，可以精确调节光的强度，确保了成像实验的一致性和可重复性。

实验四为利用照相机演示凸透镜成像规律的应用。该教师巧妙地利用照相机作为教学工具，向学生展示了凸透镜成像规律在实际生活中的应用。通过实际操作照相机，学生们能够亲身体验到焦距调整对成像清晰度的影响，这种实践操作不仅加深了他们对成像规律的理解，而且提高了他们将物理知识应用于实际问题的能力。这种教学方法有效地将抽象的物理概念与具体的技术应用相结合，激发了学生对光学和摄影技术的兴趣，同时也培养了他们的创新思维和实践技能。

实验五为凸透镜成像规律演示器的自制。在本次实验中，自制的凸透镜成像规律演示器是一个创新。该演示器通过模拟凸透镜成像的过程，使学生能够直观地观察到不同物距下成像的变化，从而加深对成像规律的理解。与传统的静态光路图相比，这个动态演示器允许学生实时看到物距变化对成像效果的影响，使抽象的物理概念变得更加具体和生动。演示器的自制过程本身就是一个探究活动，学生在制作过程中不仅学习了凸透镜的光学原理，还锻炼了动手能力和创造力。通过演示器，学生能够清晰地看到成像过程中物距、像距和焦距之间的关系，以及成像性质（如正立、倒立、放大、缩小）的变化。

2. 实验的不足和改进

本实验教学案例中，有一些实验细节可以再进一步精细化，例如，实验中对于光心、光源中心和光屏中心的同轴等高调节可以在实验前进行，以确保实验的精确性。同时让学生在进行实验的时候有一个控制实验条件的意识，这也是提高学生科学思维和科学素养的重要途径。另外如果教室内的光线过强，也可以考虑在光屏上安装遮光板来减小环境光带来的干扰，进而提高实验的准确性。

3. 教学中的注意事项

在实施本课教学的过程中，教师可以让学生在实验前对凸透镜的基本概念有所了解，如：凸透镜对光线的作用、凸透镜的焦距、凸透镜的三条特殊光线等，这将帮助他们在实验中更好地理解成像现象，也为学生理解凸透镜成像规律演示器中的光路原理提供了认知基础。

教师应鼓励学生在实验中主动提问，通过观察和讨论来探索答案，这种探究式学习不仅能够培养学生的科学思维，还能提高他们解决问题的能力。在教学过程中，教师可以灵活运用视频、动画和互动软件等多种教学手段，以辅助实验教学，确保理论知识与实践操作相结合，使学生能够全面掌握凸透镜成像的规律。

创新案例 13　探究平面镜成像的特点

广东省惠州市惠州中学　钟丽敏

广东省惠州市东江高级中学　叶进

 使用教材

本节实验教学案例选自《义务教育教科书　物理　八年级　上册》沪科粤教版第三章 3.3 节"探究平面镜成像特点"。

二　实验器材

1. 存钱罐、硬币。

2. LED 灯牌、薄玻璃板、光屏、方格纸板、32 cm×25 cm×38 cm 黑色纸箱、12 英寸转盘、一对相同大小的支架、激光笔、彩色图钉、铅笔、刻度尺。

3. 激光笔、万向支架、20 cm×20 cm×20 cm 烟雾盒、虚线棒、蜡烛模型、眼睛模型、平面镜。

4. 3D 全息影院支架、手机。

三　实验创新要点

1. 传统实验对环境光线有一定的要求，本实验用黑色纸箱，使成像更清晰。

2. 用方格纸代替白纸，方便读取像距、物距。

3. 黑色纸箱、方格纸板上都粘有魔术贴，方便组装，可循环利用，制作材料为生活中常见的物品，体现从生活走向物理。

4. 传统实验中，用蜡烛做实验，随着时间流逝，点燃的蜡烛越烧越短，此时说像与物的大小相同就变得很牵强。改后的自制支架如图 1 所示，可以很好地避免该问题，并且更加环保，成像更稳定。

5. 传统实验在记录物、像位置时，用铅笔在蜡烛的任意一侧做标记，物、像位置标记不够准确，本实验的自制支架装有十字激光笔，十字光线的交点如图 2 所示，可以准确定位物、像位置。

图 1　自制支架

图 2　十字光线

6. 通过烟雾盒重现平面镜成像的光路，能够帮助学生更容易理解平面镜成像原理，并在此实验中体会虚像形成的过程。

7. 传统实验中，只演示了光屏无法承接到平面镜所成的像，表明平面镜所成的像为虚像。同时也给学生留下疑惑：怎样的像才是实像呢？本实验通过对比小孔成像，使学生更容易理解虚、实像。

8. 新课标要求从物理走向社会，传统实验环节缺少生活应用，本实验增加了模拟全息影院这一环节，让学生更能感受到物理的魅力。

9. 传统实验中，只能在一个方向上操作，学生观看范围有限，本实验增加了转盘，让学生可以从不同的角度更清楚地观看实验现象。

四 实验原理

本实验原理：光的反射。

五 实验教学目标

1. 物理观念：了解平面镜成像时像与物的关系，知道平面镜成像的特点及应用，了解虚像是怎样形成的，知道虚像的含义。

2. 科学思维：学习用等效替代法确定虚像的位置，体会物理等效思想的内涵。

3. 实验探究：探究平面镜成像时像与物的关系，培养设计实验和有目的地观察实验、比较得出结论的能力。

4. 科学态度与责任：领略平面镜成像现象中的对称之美，体会克服困难、解决问题的喜悦。通过对平面镜的了解，初步认识科学技术对人类生活的影响。

六 实验教学过程

1. 情境创设

小魔术：消失的硬币。

如图 3 所示，是一个表层透明的存钱罐，将一个硬币投进存钱罐，但存钱罐内并没有看到硬币，如图 4 所示。摇一摇存钱罐，有声音，硬币还在里面，那为什么看不到硬币呢？让学生带着这个疑问走进本节课的学习。

图 3　存钱罐

图 4　投入硬币的存钱罐

2. 探究平面镜成像的特点

生活中有许多镜面，我们把反射面为光滑平面的镜子叫平面镜，从平面镜中，我们能够看到自己的像。

（1）猜想与假设：学生拿起桌面上的镜子，面向镜子举起右手，靠近镜子和远离镜子，观察镜子里的像分别如何变化。通过观察，学生发现像与物是左右相反的，并猜想像与物的大小可能相等，像与物到镜面的距离可能相等。

（2）设计实验：主要解决三个问题：

①如何确定像的位置？我们可以用玻璃板代替平面镜，因为玻璃板既可以观察到物体的像，又可以确定像的位置。

②如何比较像与物的大小关系呢？我们可以利用两个等大的支架 A、B，用支架 B 与支架 A 在平面镜上所成的像进行对比。

③如何放置镜面呢？学生相互合作，使薄玻璃板前倾、后倾或垂直于方格纸板上，观察像的位置，我们发现镜面前倾，类似"悬浮"，如图 5 所示，镜面后倾，类似"沉底"，如图 6 所示，只有玻璃板竖直放置在水平桌面上时，我们才能在方格纸板上确定像的位置，如图 7 所示。

图 5 镜面前倾

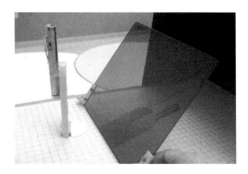

图 6 镜面后倾

图 7 镜面竖直

（3）进行实验：

①我们先将方格纸板放置在水平转盘上，罩上黑色纸箱，然后将薄玻璃板竖直放置在方格纸板中间，将支架 A 放在玻璃板前某一位置，从支架 A 的这一侧观察它在平面镜中所成的像，然后拿起支架 B，在玻璃板另一侧前后左右移动，直至与像完全重合，如图 8、图 9 所示。打开激光笔如图 10 所示，用彩色图钉定位十字光线交点，记录为像与物的位置，并用铅笔标记为 A、A′。改变支架 A 的位置，重复两次实验。通过实验，我们发现两个支架 A、B 大小相等，支架 B 又与支架 A 所成的像完全重合，这说明支架 A 与它所成的像大小相等，所以平面镜成像中，像与物大小相等。我们用等大的支架 B 代替支架 A 所成的像，这种方法我们称为等效替代法。在古代，等效替代法早有运用，学生们都听过曹冲称象，曹冲用石头代替大象，从而称得大象的重量，这就是等效替代法。

图 8　实验全景

图 9　支架与像重合

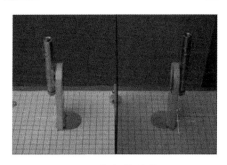

图 10　像与物的位置

②取下方格纸板，用刻度尺和笔连接物、像位置的标记点如图 11 所示，像到镜面的距离称为像距，物到镜面的距离称为物距，方格纸每一小格的长度为 1 cm，记录这三次实验的像距和物距。分析数据如表 1 所示，得出在误差允许的范围内像距等于物距的结论。

用三角尺比对，发现像与物的连线与镜面垂直。再将方格纸对折，发现像与物的点重合，这说明像与物关于镜面对称。

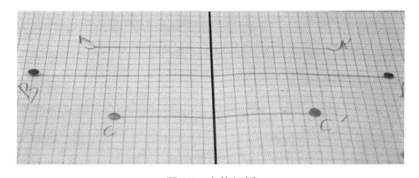

图 11　方格纸板

表 1　物距与像距

实验次数	物距 /cm	像距 /cm
1	12.0	12.1
2	17.0	17.2
3	9.0	9.1

③取下图钉，将方格纸板重新放置好。将薄玻璃板竖直放置在方格纸板中间，然后将 LED 灯牌打开，放置在玻璃板前某一位置，将光屏放置在像的位置，发现光屏不能接收到像，如图 12 所示，所以平面镜所成的像是虚像。转动转盘，让学生都能观察到，并记录实验现象；取下玻璃板，在方格纸上放置小孔板，调整小孔板位置，直至光屏上出现清晰的像，如图 13 所示，能在光屏上呈现的像叫实像，转动转盘，让学生观察。通过对比，学生们更容易理解虚像、实像。

图 12　虚像

图 13　实像

④实验结论：像和物大小相等；像到镜面的距离和物到镜面的距离相等；像与物关于镜面对称；平面镜所成的像是虚像。

3. 平面镜成像的原理

学生对于平面镜成像原理的理解较为困难，为了突破这一教学难点，设计了重现平面镜成像光路的实验，学生使用的烟雾盒里有"眼睛"、蜡烛的模型和平面镜。用两支激光笔发出的光表示入射光线，光在同一种均匀介质中沿直线传播，碰到了平面镜会发生反射，透过烟雾盒我们可以看到入射光线和反射光线。反射光线进入人眼之后，大脑会下意识地认为光是沿直线传播的，两条虚线棒表示反射光的反向延长线，于是就形成了我们所看到的像，如图 14 所示，所以平面镜成像的原理是光的反射。学生可以在这个过程中体会虚像是如何形成的。

图 14　平面镜成像原理

4. 魔术揭秘

如图 15 所示，看似普通的存钱罐，其实里面有一块将它分成两部分的平面镜，当老师投入硬币时，其实是将硬币投到平面镜的后侧，所以学生看不到硬币。

5. 平面镜成像在生活中的应用——模拟 3D 全息影院

如图 16 所示是一个拼装好的木板支架，将亚克力板放入支架内，与水平面成 45°，手机播放全息视频，屏幕朝下放在支架上方，由于光的反射面与水平面成 45°，所以最后所成的像刚好在竖直方向上，形成立体的影像如图 17 所示。

图 15　存钱罐内部　　　图 16　全息影院支架　　　图 17　立体影像

七 实验教学评价

1.改进后优点：让学生能够直接观察到平面镜成像的特点，直观的实验现象更能激发学生探索兴趣，加深对课程的认知和巩固，亲身感受物理的魅力。

2.仍需改进：本实验装置是在水平方向上探究平面镜成像的特点，镜面角度倾斜的情况下，像与物的关系需进一步探究。

专家点评

本教学案例从一个小魔术引入，让学生带着疑问走进课程的学习。在调动起学生的兴趣后，让学生靠近镜子和远离镜子，观察镜子里的像分别怎么变化，由此对平面镜成像有一个初步的认识。教师在简单答疑后提出了三个问题：如何确定像的位置？如何比较像与物的大小关系？如何放置镜面？并给出了相应的解决方法。在学生自我尝试后，教师带领学生开始实验，让学生自主体验探究过程，最终得到结论。学生对平面镜成像的特点有了完整的认识后，教师请学生继续思考平面镜的成像原理。课程创新地设计了一个模拟平面镜成像光路的实验，学生可以在这个过程中体会虚像是如何形成的。至此，课程落下了帷幕。教师在最后揭晓了课堂开始时提出的魔术，并开展趣味实验"模拟3D全息影院"，进一步加深学生对于本节课的认识。

1. 实验创新点及优点

本案例包含两个创新实验，实验一为探究平面镜成像的特点。该实验利用方格纸板、黑色纸箱、薄玻璃板等多种材料构建起一个可视化的实验空间，不仅为实验提供了基础，而且帮助学生建立起关于平面镜成像的3D空间观念。黑色纸箱、方格纸板上都贴有魔术贴，方便组装，可循环利用，利用手边易得的物品制作教具，体现了从生活走向物理的理念，也提升学生的环保观念。使用激光笔和彩色图钉定位的方法记录像与物的位置，减小了误差，提高了数据的准确性和可靠性。利用小孔成像的实验，对于实像和虚像的特点进行了对比分析，每一步都有详细的操作说明和记录，体现了科学研究的严谨性。实验过程中鼓励学生改变条件多次重复实验，以获取更全面的数据，这有助于培养学生的科学探索精神。

实验二为平面镜成像的原理。为了解决学生学习中的一个难点，教师创新性地设计了烟雾盒以重现平面镜成像的光路，这个实验以直观的方式向学生展示了光的反射和成像的过程。实验中用烟雾盒、激光笔来模拟光路，将抽象的物理概念具体化，让学生更容易理解平面镜成像原理，体会虚像形成的过程。此外，学生还可以通过调整激光笔的位置，探索像的位置如何变化，从而实现对于平面镜成像原理的动态探究。

2. 实验的不足和改进

在探究平面镜成像特点的实验中，虽然使用了方格纸，但是数据采集时可能还会存在较大的误差，如在使用彩色图钉定位时，由于图钉有一定的大小，可能导致数据采集的准确度不高，可以考虑用大头针来代替图钉，提高数据的准确性。在验证平面镜所成的像是虚像的实验中，教师利用小孔成像和平面镜成像进行了对比，其中提到"取下玻璃板，在方格纸上放置小孔板，调整小孔板位置，直至光屏上出现清晰的像"，这里值得商榷，因为小孔成像的特点不同于凸透镜成像的特点，是不存在一个固定成像的位置的，所以光屏上接收到的像都可以叫作清晰的像，只是成像比较小的时候，像的亮度比较高，因此要把成像亮度高和成像清晰这两个概念区分开，避免给学生带来误解。

3. 教学中的注意事项

本节实验教学案例利用两束激光探究平面镜成像的原理，让平面镜成像的光路更加形象，是一个很好的尝试，但是这两束激光和物体发出的光是什么关系，在教学中应该分析清楚。本质上是将实际的物体简化为一个点光源，在这个基础上才有了点光源发出的无数条发散光线，我们又选取其中的两条光线研究成像的光路，而激光笔发出的光就是模拟这两条光线，这样让学生不仅观察了现象，还有助于科学思维的提升。本课程教学的最后一个环节"模拟 3D 全息影院"是利用 45° 角平面镜成像，取得在半空中成像的效果，需要指明的是这与光学全息成像的原理是不同的，所以需要说明此情况，或者不要用"全息"的字眼，以免让学生对于"全息"形成误解。在揭秘魔术之后，学生理解了魔术背后的物理原理，此时也可以引导学生自主探索更多的类似魔术或实验，培养他们的好奇心和探索精神。

创新案例 14　眼睛和眼镜

青海省西宁市第十三中学　王昆仑

一　使用教材

本节实验教学案例选自《义务教育教科书　物理　八年级　上册》人教版第四章"光现象"、第五章"透镜及其应用"。

二　实验器材

投影仪、三棱镜、凸透镜、凹透镜、平面镜、自制地球和月球模型、造雾器、玻璃缸。

三　实验创新要点

在学习光学这部分内容时，如光的直线传播、镜面反射、漫反射、色散、折射规律、透镜对光线的作用这几个实验如果使用传统的平行光源或激光笔来进行，不仅操作烦琐，而且白天观察效果不佳，需要在黑暗环境中才能看清楚，十分不便。且激光笔在教学实验中有一定的危险性。针对这几个实验的关键需求，选择了投影仪作为替代工具，其平行性和亮度均符合实验要求，观察效果优秀。例如在研究光的色散现象时，需要强光作为光源。然而，如果实验当天是阴天，没有充足的阳光，就无法使用太阳作为天然的白光光源。而常见的人造白光光源（如日光灯）由于光的强度不够大，也不能替代太阳。为了解决这个问题，可以借助投影仪来代替太阳光。在光学演示实验中，找到理想光源和场地是教学难点之一。利用多媒体投影机光源来做光的色散、透镜对光线的作用等物理实验，是一种巧妙的方法，能够有效地解决这一问题。

四 实验原理和设计思路

1.实验原理：

（1）光的传播路径和方向，了解光沿直线传播的现象和条件。

（2）光的反射规律，理解平面镜成像的原理。

（3）折射现象和规律，了解折射角、入射角的概念和关系。

（4）凸透镜和凹透镜对光线的会聚和发散作用，了解其原理和应用。

2.实验设计思路：

（1）利用投影仪的平行光源代替传统的平行光源或激光笔，提高实验效率和观察效果。

（2）通过投影仪投射不同颜色的光，模拟色散现象，方便观察和实验操作。

（3）利用投影仪的镜头模拟凸透镜和凹透镜，观察光线经过透镜的会聚和发散现象。

（4）通过调整投影仪的焦距和距离，控制像距和物距，探究凸透镜成像的规律和特点。

通过以上实验设计思路，可以利用投影仪方便地进行光学实验，增强学生的动手能力和观察能力，培养学生对科学探究的兴趣。同时，也为进一步学习光学知识打下基础。

五 实验教学目标

1. 物理观念：学生能够理解和应用光现象和透镜的基本概念和规律，理解光线传播、反射、折射等原理，了解光学设备如望远镜、显微镜、眼镜等的工作原理和用途。

2. 科学思维：学生能够运用科学思维和方法，分析、推理、归纳和总结光现象的规律和特点，理解透镜对光线的作用和成像规律，发展科学思维和方法。

3. 实验设计与操作技能：学生能够根据实验目的，设计实验方案，选择合适的实验设备和材料，并亲自操作实验，收集和分析数据，得出结论。

4. 科学态度与价值观：学生能够保持对光学知识的兴趣和好奇心，尊重实验数据，养成严谨、客观、细致的科学态度，培养对科学的热爱和探索精神。

5. 科学交流与合作能力：学生能够用科学语言准确表达实验结果和观点，与同学和教师进行有效的沟通和交流，学会合作学习和团队协作。

这些目标旨在通过实验课的教学，帮助学生更好地理解和掌握光学知识，提高实验操作能力和科学探究能力，培养科学态度和价值观，发展科学思维和方法，提高交流与合作能力，为未来的学习和工作打下坚实的基础。

六 实验教学内容

1. 有关光的传播实验：光的直线传播、影子演示的实验、模拟日食、月食现象。

2. 有关光的反射实验：验证镜面反射和漫反射、魔术换装。

3. 光的色散：光的色散演示。

4. 有关凸透镜的实验：演示透镜对光线的作用、探究凸透镜成像规律。

七 实验教学过程

在受限于场地、设备的前提下，本节课采用大单元教学模式，带领学生完成一系列的光学实验。

1. 有关光的传播实验

（1）光的直线传播

为验证光的直线传播，利用投影仪和造雾器，通过丁达尔效应，给学生展示光在同种均匀介质中沿直线传播，如图1、图2所示。

图1　　　　　　　　　　　　　图2

（2）影子形成的实验演示

通过投影仪的灯光，可以在黑板前制造出有趣的手影，这是一个非常有趣的活动，让学生观察手影，并引导他们思考影子形成的原因，如图3所示。可以通过提问的方式，例如"为什么我们可以通过灯光在屏幕上制造出影子呢？"这样的问题增加他们的学习兴趣和创造力。这种互动式的教学方式，可以让学生更加积极地参与到课堂中来，从而优化教与学的效果。

图 3

（3）模拟演示日食、月食现象

让学生讨论，日食是怎样形成的，学生会猜想回答："太阳发出的光线被月球遮住了"，邀请学生来模拟演示日食的形成，用投影仪灯光代替太阳光，自制的大、小球分别代表地球和月球，教师同时引导、提问学生，让学生顺利完成演示，并进行解析，如图 4 所示，最终得出是由于光的直线传播形成的。还可以让学生模拟演示月食的形成。

图 4

2.有关光的反射实验

验证镜面反射和漫反射

在以往的教学过程中，遇到验证镜面反射和漫反射这种问题，如图 5 所示，通常是以教师的教学经验进行讲解，缺乏直观的对比来帮助学生理解其中的物理现象，教师可以通过现场的实验演示镜面反射和漫反射。

利用投影仪在黑板上投射出一个白色的箭头，学生看到箭头非常明亮，再将平面镜放置在箭头前，发现箭头变暗了。这证明了亮的时候是漫反射，而暗的时候是镜面反射，如图 6、图 7 所示。

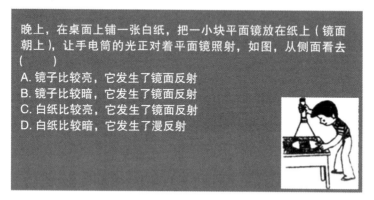

图 5

图 6

图 7

3. 光的色散

（1）光的色散演示

在实验中，通常使用三棱镜利用太阳光发生色散，但是由于天气或者教室地理位置等原因往往难以完成演示实验，如果使用投影仪发出的白光代替太阳光，可以使"彩虹"更加清晰地呈现在教室前面的黑板上。这样，即使没有太阳光，学生也可以在自己的座位上看到美丽的"彩虹"，并了解这便是光的色散现象，如图 8、图 9 所示。通过这个实验，可以进一步说明太阳光是一种复色光，而不是单色光。

图 8　　　　　　　　　　　　　图 9

（2）魔术换装

我们能够看到颜色，主要是因为光线照射在物体上，物体反射出来的光照射到我们的眼睛，然后通过眼睛最终在视网膜上形成图像，由视神经将图像信息传送到大脑，再经过大脑的处理和解读，最终形成我们所看到的颜色，如图 10、图 11 所示。通过魔术换装游戏让学生积极地参与到实验中，轻松掌握光的反射这一物理知识。

图 10　　　　　　　　　　　　　图 11

4. 有关凸透镜的实验

（1）演示透镜对光线的作用

在实验中，用投影仪的灯光代替太阳光，通过凸透镜的移动，能够在屏幕上看到光斑。使用不同的凸透镜，也能够迅速找到小亮点，这表明凸透镜对光具有会聚作用。然而，使用凹透镜在屏幕上形成周围发亮的暗影，这表明凹透镜对光具有发散作用，如图 12、图 13 所示。

图 12   图 13

（2）探究凸透镜成像规律

在学习凸透镜成像规律这部分内容时可以利用投影仪投射出字母"F"作为光源代替蜡烛和发光 LED 灯，效果显著，学生可以明显地探究出凸透镜的成像规律与物距的关系，如图 14、图 15 所示。

图 14   图 15

八 实验效果评价

本课的教学设计充分体现了物理实验的重要性，通过实验让学生深入理解光的传播、反射、色散等物理现象以及凸透镜对光线的作用和成像规律。以下是对本节课实验效果的评价。

实验设计巧妙：本节课的实验趣味性强，能够激发学生的学习兴趣和参与度。例如，利用投影仪的灯光制造影子和模拟演示日食、月食等实验，让学生亲身体验光的传播和反射等现象，加深了对相关知识的理解。

实验设备便捷：本节课的实验设备简单易用，利用了投影仪等常见设备进行实验，避免了场地和设备的限制，使实验更加便捷和直观。例如，利用投影仪的灯光代替太阳光进行光的色散实验，不受天气和地理位置的限制，取得了良好的实验效果。

实验效果显著：通过实验，学生可以深入理解光的传播路径、镜面反射和漫反射的区别、光的色散原理以及凸透镜的会聚作用和成像规律等知识点。

培养科学素养：通过实验，学生不仅掌握了相关物理知识，还培养了科学素养和探究精神。例如，在实验过程中，教师引导学生进行思考和探究，鼓励学生提出自己的问题和想法，让学生在实践中体验科学探究的过程和方法。

专家点评

本教学案例使用投影仪的光作为实验光源进行了一系列创新实验设计，有效地解决了传统光学实验中光源选择的难题。本教学案例使学生从对光学现象的直观感受出发，逐步深入探究光的传播、反射和色散等规律。学生通过实验数据的分析，自主发现了光路中的关键参数，并利用自制的测量装置进一步验证了这些发现。整个教学过程紧密相连，实验应用合理，教学效果显著，充分体现了启发式教学和学生主体性原则，有效地帮助学生构建了对光学知识的系统理解，较好地实现了教学目标。

1. 实验创新点及优点

本节课共有四个创新实验，创新实验一利用投影仪和造雾器，通过丁达尔效应直观展示了光在均匀介质中沿直线传播的现象。学生通过观察手影活动，不仅理解了光的直线传播，而且激发了他们的好奇心和创造力。通过模拟日食、月食现象，让学生直观地理解了光的直线传播原理。这种直观的教学方式不仅让学生对天文现象产生了浓厚的兴趣，而且提高了学习的趣味性和参与度。创新实验二利用投影仪在白色漫反射面和镜面上投射白色箭头，让学生对比箭头的亮度，从而直观地理解镜面反射和漫反射的区别。这种教学方法让学生通过真实实验，亲身体验物理现象，加深了他们对两种反射的认识。创新实验三使用投影仪的白光代替太阳光，成功地在黑板上展示了光的色散现象。这一实验克服了天气和地理位置的限制，让学生在室内也能清晰地观察到色散现象，从而更好地理解白光的复色性质。创新实验四利用投影仪投射出的字母"F"作为光源，代替传统的蜡烛和发光 LED 灯，使学生能够清晰地观察到成像规律与物距的关系。这种实验设计提高了光源的亮度，并通过动态演示，帮助学生深入理解凸透镜的成像原理。

教师围绕光学实验这一内容，打破章节限制，设计了本节光学实验串讲课，通过问题驱动的方式引导学生进行探究式学习。课程设计从学生的直观感受到对光学现象的理性认识，再到深入探究光的传播、反射和色散等规律，形成了一个循序渐进的学习路径。学生在这一过程中，不仅学会了如何观察和分析实验现象，而且学会了如何将定性的问题转化为定量的分析，通过实验数据的收集和处理，提高了他们的科学思维和探究精神。

2. 实验的不足和改进

在本课程实施过程中，虽然整体设计新颖且效果显著，但仍有一些细节可以进一步优化。例如，在利用投影仪进行光的色散实验时，虽然出现了明显的色散现象，但是这只能说明投影仪发出的白光是复色光，而太阳发出的白光和投影仪发出的白光不一定相同，实际生活中的白光有很多种，每种白光的构成可能都有差异，色散出来也未必都是连续光谱。所以，在教学中不宜把投影仪发出的光直接等同于太阳光来得到太阳光也是复色光的结论，可以在做完这个实验之后，再播放一个太阳光色散的视频补充说明一下，这样会更科学，更有说服力。

在演示透镜对光线的作用的实验中，教师使用投影仪的灯光没有问题，但是投影仪的光与太阳光从光路性质上也是不同的，太阳光是平行度非常好的光源，而投影仪发出的光是发散光线，演示凸透镜对光线的会聚作用没有问题，但是建议不要提代替太阳光。

在探究凸透镜成像规律的实验中，教师使用投影仪投出的字母"F"作为物光，在对物光进行成像的实验中，存在物光不明确的问题，投影仪本身就是一个成像系统，如果不加凸透镜，投影仪会将像成在光屏上，所以从投影仪到光屏之间的光路都是会聚的，这与物体发出的发散光线有本质区别，因此利用投影仪发出的光模拟物光的做法值得商榷。

3.教学中的注意事项

本实验教学案例打破了章节的限制，是一次有意义的尝试，但是并不是打破了单元限制的教学就是大单元教学。义务教育课程方案修订组组长、华东师范大学课程与教学研究所所长崔允漷教授在其《如何开展指向学科核心素养的大单元设计》一文中提到"大"单元中"大"的用意有三：一是指向学科核心素养的教学倡导大观念、大项目、大任务与大问题的设计，以此来提升教师的站位，改变教师的格局；二是针对现实中有许多教师只关注知识、技能、习题分数等，而忽视学生能力、品格与观念的培养，应着眼于全面育人的"大道理"；三是从时间维度来看，大单元设计与实施有利于教师正确理解时间与学习的关系，确立"以学习者为中心"的观念。所以大单元教学设计的"大"并不只是包含的章节多，这一点需要教师进行细心地分辨。

在实验安全方面，由于投影仪的光线属于强光，所以教师应特别关注学生在使用投影仪等设备时的安全，必要时可以戴上护目镜，以提高实验的安全系数，保护师生的眼睛。

创新案例 15　设计制作电磁铁

北京市首都师范大学附属中学　张跃

一　使用教材

本节实验教学案例的内容为《义务教育教科书　物理　九年级　全一册》北师大版第十四章第三、四节的整合。

二　实验器材

自制"魔盒"、小磁针、直导线（长度不同）、电池、导线、开关、曲别针、铁钉、铜柱、铁柱、铝柱、DIS 磁感应强度传感器。

三　实验创新要点

本节课打破传统教学内容，基于单元教学视角，以设计制作电磁铁任务为主线，避免了传统教学中学生在学习第 3 节电流的磁场时因缺乏与生活实践的联系、内容偏理论所造成的学习兴趣不高、动力不足等问题，既是实现从旧教材向新课标的过渡，又是落实习近平总书记提出的"要在教育'双减'中做好科学教育加法"的要求，以设计任务充分激发学生的好奇心、想象力、探求欲，增强科学兴趣和创新意识。同时，巧妙设计科学家微课，将弘扬科学家精神贯穿教育全过程，促使学生热爱科学、崇尚科学，努力为国家培育具备科学家潜质、愿意献身科学研究事业的青少年群体。

1. 巧用自制实验教具创设魔术情境，增加探究兴趣

首先借助门磁报警器为学生展示其工作过程（见图1），发现打开门时，报警器的蜂鸣器发出警报，关上门蜂鸣器停止发出警报。其原理是干簧管和磁铁的共同作用。开门时没有磁场，干簧管簧片处于闭合状态，电路报警；关门时有磁场，干簧管簧片处于断开状态，电路不报警。之后，利用自制实验教具"魔盒"进行实验，先将"魔盒"A面面向学生（见图2）进行演示，观察现象发现依然可以实现开门报警、关门不报警的功能，引导学生猜想盒子中的物体能产生磁场，再将"魔盒"B面面向学生进行演示，发现闭合"魔盒"B面的开关，铃不响、灯亮（见图3），断开"魔盒"B面的开关，铃响、灯不亮（见图4），引导学生发现"魔盒"中的磁场可能是电流产生的。不仅通过自制的"魔盒"实验教具激发了学生的探究兴趣，而且通过恰当的实验设计、可视的实验现象和精准的问题引导，使学生主动思考、自主发现，猜想电流可能产生磁场。学生学完新知后可通过拆解"魔盒"进行揭秘，发现"魔盒"内部是由马蹄形电磁铁、灯泡和开关组成的串联电路，其内部结构如图5、图6所示。对"魔盒"的揭秘环节可引导学生增强应用所学知识的意识，认识到物理不仅是有趣的更是有用的。

图1　门磁报警器演示教具

图2　"魔盒"A面面向学生实验演示过程

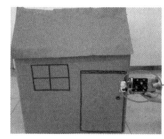

图 3 "魔盒" B 面面向学生演示
（闭合开关）

图 4 "魔盒" B 面面向学生演示
（断开开关）

图 5 "魔盒" A 面内部实物图

图 6 "魔盒" B 面内部实物图

2. 乐用实验制造认知冲突，还原真实探究过程

在学生猜想到电流可能会产生磁场后，引导学生利用直导线、小磁针、电池大胆验证猜想。与以往演示实验不同，本次采用学生分组实验，仅强调不要长时间通电等基本安全规范，不做过多引导，提供充足的空间让学生自主思考如何验证电流周围存在磁场。学生在实验操作的过程中会由于导线和小磁针的空间摆放位置的不同得到不同的实验效果，即经历"失败"的过程。同时，在分享"成功经验"的过程中，会对电流产生磁场的特点产生感性的认识。让学生有"试错"的机会，更能激励学生主动探究电流产生磁场的特点，在实际操作的过程中提升问题解决能力。

3. 妙用传感器设置任务驱动，提升问题解决和动手实践能力

在设计制作电磁铁的过程中主要突破难点，即引导学生认识到通电直导线、通电螺线管、电磁铁产生磁场的强弱是不同的，引导学生从直导线出发，发现形状的不同、芯材的不同会影响电流产生的磁场的强弱，从而

自行发现电磁铁的结构，动手制作出有实践意义的电磁铁。因此利用 DIS 磁感应强度传感器，通过可视化的磁场强弱，采用合理的问题引导，设置任务驱动，使学生不断发现问题，解决问题，主动提出电磁铁的设计结构，让整堂课学生均处于不断思考、深度参与的状态。

（1）直观反映磁场强弱，主动发现导线形状对磁场强弱的影响

由于通电直导线无法吸引曲别针或铁钉，为了使学生直观观察到导线形状的改变对电流周围产生磁场的影响，采用磁感应强度传感器来反映通电直导线周围磁场的强弱情况。如图 7 所示为通电直导线周围的磁场情况，其示数大小为 0.2 mT。再通过引导性问题"如何能在电流不变的情况下让通电导线产生的磁场增强？"引发学生主动思考，猜想到可以通过改变导线形状来影响电流产生磁场的强弱，巧妙利用传感器验证自己的猜想。如图 8、图 9、图 10 所示为长度相同的直导线绕成的三角形、正方形和圆形线圈通电后周围磁场的强弱情况，它们的示数大小分别为 0.3 mT、0.4 mT 和 0.5 mT。通过传感器能够直观认识到通电导线形状的变化对磁场强弱的影响，整个过程以任务为驱动，以问题为引导，学生大胆提出猜想、验证猜想，利用实验提出问题、验证猜想、解决问题。

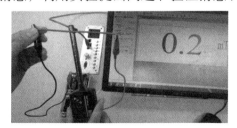

图 7　通电直导线磁场情况

图 8　通电三角形线圈磁场情况

图 9　通电正方形线圈磁场情况

图 10　通电圆形线圈磁场情况

（2）主动发现不同部位磁场强弱，提出螺线管结构设想

基于不同形状通电导线周围磁场强弱不同的认识，通过引导性问题"如果通电直导线的长度非常长，如何增强其产生的磁场？"指引学生主动提出将长直导线"绕起来"的设想，实现从"长直导线"到"螺线管"的结构转变。学生经历了动手绕制螺线管的乐趣之后进行验证，发现依然吸不上来曲别针或铁钉，不禁质疑自己的猜想，又通过传感器证实通电螺线管周围的磁场确实增强，且不同位置磁场强弱是不同的，如图11、图12所示，通电螺线管侧面和两端的磁场情况，其示数大小分别为0.1 mT和1.0 mT，这也为后续学习通电螺线管周围磁场的特点提供感性认识。

图11　通电螺线管侧面磁场情况　　　图12　通电螺线管两端磁场情况

（3）实验探究芯材对磁场强弱的影响，认识电磁铁的核心结构

学生经历了从"长直导线"到"螺线管"的设计结构转变，为使学生提出"电磁铁"的结构设想，通过引导性问题"如何能让通电螺线管的磁场进一步增强，使其能吸住曲别针，从而具有应用价值？"引导学生提出芯材可能会对通电螺线管产生的磁场有影响，想到分别将铜柱、铁柱、铝柱插入通电螺线管，来验证猜想。发现当插入铁柱时可以成功吸引铁钉，如图13所示。同时还可用传感器建立直观感受和验证猜想。如图14、图15、图16所示分别为通电螺线管中插入铜柱、铝柱和铁柱后的磁场情况，其示数大小分别为0.7 mT、0.8 mT和2.4 mT，学生通过可操作的实验探究过程、有成就感的实验体验，直观感受到通电螺线管中放入不同芯材对电流产生磁场的明显影响，从而认识到电磁铁的核心结构为通电螺线管和铁芯。

图 13　插入铁柱后的通电螺线管

图 14　插入铜柱后的磁场情况

图 15　插入铝柱后的磁场情况

图 16　插入铁柱后的磁场情况

四　实验设计思路

如图 17 所示，本实验教学以设计制作电磁铁为任务驱动，通过巧妙的实验设计，引导和启发学生从一根"直导线"出发，首先发现电流周围可以产生磁场，再认识到导线形状对电流产生磁场强弱的影响，从而提出"螺线管"的结构设想，然后认识到芯材对磁场强弱的影响，从而提出电磁铁的核心结构即为"螺线管＋铁芯"的组合。以任务为驱动，以实验为推动，让学生在动手制作、实验探究的过程中不断发现问题、解决问题，促进学生主动、持续、深入思考，在问题解决的过程中自主获得并不断提升知识和能力。

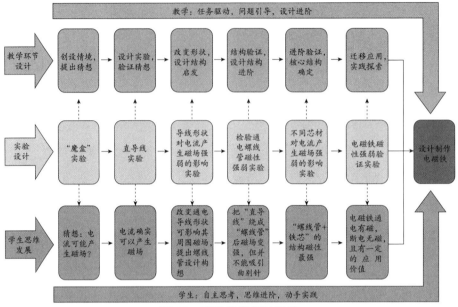

图 17　实验教学设计思路

五 实验教学目标

1. 利用自制"魔盒"实验教具进行演示，认识到电流可能会产生磁场，激发学习兴趣。

2. 利用通电直导线和小磁针进行分组实验，探究电流周围是否存在磁场，经历真实的探究环节，体验"失败"的过程，感受真实的科学探究精神。

3. 通过深入思考增强磁场的方法，探究导线形状对电流产生磁场的影响，了解通电螺线管周围的磁场及磁性强弱，实现从"长直导线"到"螺线管"结构设计的转变，提升问题解决能力。

4. 通过探究不同芯材插入通电螺线管后对电流产生磁场的影响，认识到电磁铁设计的核心结构，经历动手绕制电磁铁并进行实验探究的过程，了解电磁铁的磁性强弱及"通电有磁、断电无磁"的应用特点，从而提升实验探究能力和动手操作能力。

5.通过自制微课视频，重现科学家的历史实验，产生乐于探索的情感及敬畏科学的态度；通过磁悬浮概念车视频，感受物理学对未来发展的重要性及其重大应用价值。

 实验教学内容与过程

实验教学内容与过程			
教学环节	教师活动	学生活动	设计意图
创设情境，提出猜想	演示实验1：演示门磁报警器实验，分析其工作原理。 演示实验2：用一个"魔盒"代替门磁报警器的磁铁部分，引导学生猜想盒子中的物体有什么作用？ 干簧管 磁铁 能产生磁场 盒子中的物体能产生磁场 演示实验3：利用"魔盒"的不同使用方式进行演示实验，通过小灯泡的亮灭反映有无电流，引导学生猜想是什么产生了磁场？	学生思考并提出猜想："魔盒"中的物体能产生磁场。 学生进一步思考并提出猜想："魔盒"中的电流可能会产生磁场。	从生活应用出发，合理利用生活物品，让学生感受到物理学和生活息息相关，自制"魔盒"实验教具激发了学生的探究兴趣，而且通过恰当的实验设计、可视的实验现象和精准的问题引导，激发学生主动思考，层层递进，逐步提出合理猜想。
设计实验，验证猜想	1.提出问题：电流周围真的存在磁场吗？如何证明？ 2.学生探究：利用电池、直导线、小磁针进行分组实验	学生思考并进行分组实践。	通过分组探究实验，鼓励学生经历"失败"过程，感受真实的探究过程，参考同伴分

续表

实验教学内容与过程			
教学环节	教师活动	学生活动	设计意图
	探究。 3. 经验分享：你的实验成功了吗？成功的秘诀是什么？ 4. 再试一次：享受成功的喜悦。 5. 重现历史：自制微课展示奥斯特发现电流磁效应的过程。	学生经历"试错"，讨论并积极分享成功的奥秘。	享的经验，反思实验的要点，体会交流的重要性，通过自制微课重现历史，体会奥斯特实验的伟大意义，感受科学精神。
改变形状，设计结构启发	【探究实验，发现问题】 1. 分级活动：利用通电直导线吸引曲别针，看谁吸的多？ 2. 发现问题：根本吸不上来。 3. 深入思考：原因是什么？ 4. 提出猜想：可能是由于直导线产生的磁场太弱？ 5. 实验验证：利用 DIS 磁感应强度传感器，通过量化的数据进行展示和验证。 【探究实验，解决问题】 6. 提出问题：如何能让电流产生的磁场增强？ 7. 深入探究：如何能在不改变电流的情况下，继续让磁场增强？ 8. 提出猜想：通电导线的形状可能会影响其产生磁场的强弱。 9. 及时验证：利用传感器验证猜想。	学生分组探究，发现直导线无法吸引曲别针并思考其原因； 学生观察传感器实验的量化数据验证猜想，并思考解决方案。 学生思考并提出猜想。 学生观察传感器实验数据，验证猜想。 学生从改变形状的角度思考增强磁场的方法，主动提出"螺线管"结构。	通过巧妙的设计，使学生产生认知冲突，进而发现问题，之后，通过传感器检验磁场的强弱，增强可视化性。 基于实践应用价值的视角提出问题，通过合理的问题引导，启发学生主动思考，利用传感器直观的量化数据进行及时验证，充分调动学生的探究热情，提升问题解决能力。 通过问题引导，激发学生主动提出"螺线管"的设计结构，通过自制微课，激发学生科学精神的同时，增强学习成就感。

实验教学内容与过程			
教学环节	教师活动	学生活动	设计意图
	【深入思考，结构启发】 10. 深入思考：如果导线特别长，如何兼顾方便性和实用性来改变形状？ 11. 历史重现：利用自制微课，再现通电螺线管的创造过程。		
结构验证，设计结构进阶	1. 动手验证：动手绕制螺线管并分别用小磁针检验磁场有无，用曲别针判断磁性强弱。 2. 发现问题：磁场还是不够强，无法吸引曲别针。 3. 传感器验证：利用传感器验证通电螺线管的磁场强弱。 4. 提出问题：如何让磁场进一步增强？	学生动手制作并进行实验验证。 学生观察传感器数据并进一步思考。	通过动手绕制螺线管的过程，提升动手实践能力，通过小磁针和曲别针的实验验证发现磁性还是不够强，利用传感器量化数据，达到及时反馈、激发思维活力的目的。
进阶验证，核心结构确定	1. 分组探究：利用铜柱、铁柱、铝柱探究插入芯材不同对通电螺线管产生磁场强弱的影响。 2. 设计进阶：发现芯材会影响通电螺线管产生的磁场，确定电磁铁的核心结构。	学生分组探究，发现电磁铁的核心结构即为"螺线管＋铁芯"的组合。	通过分组实验，深度参与，发现问题，设计实验，解决问题。同时通过传感器辅助验证，通过微课视频体会科技发展的过程、科学家的精神与智慧以及物理的魅力所在。

续表

实验教学内容与过程			
教学环节	教师活动	学生活动	设计意图
	3. 实验验证：利用传感器验证加入芯材后通电螺线管产生磁场的强弱变化。 4. 追溯历史：利用自制微课，再现电磁铁的发现及其走向应用的过程。		
迁移应用，实践探索	【"魔盒"揭秘】 1. 提出问题：猜测"魔盒"中的结构是怎样的？ 2. 现场揭秘：打开"魔盒"，验证猜想。 【生产应用】 播放视频：展示电磁起重机在生产中的实际应用过程。 【未来探索】 播放视频：概念悬浮车。	学生利用本节课所学核心知识，猜想"魔盒"结构。 通过观察拆解后的"魔盒"巩固本节课的核心知识。	让学生通过揭秘"魔盒"的过程，获得学习的成就感；通过播放电磁起重机的工作过程、磁悬浮概念车的视频，感受物理与生产生活的密切关联以及对科技发展的重要性。
创新作业设计	【家庭动手实践】 创新作业设计1：学习完设计制作电磁铁的关键结构之后，你能不能在家里制作一个简易电磁铁？如果可以，为你的电磁铁设计一种用途。 【评估与解释】 创新作业设计2：小明同学学习了"设计制作电磁铁"这节课后备受启发，自制了	学生基于本节课的核心设计，回家进行动手实践。 学生基于小明同学的设计，发现问题，并进行评估与解释。	采用动手实践作业的形式，既充分调动学生主动将所学知识应用于实践，又发展了学生的动手实践能力。通过对设计进行评估，发展学生的批判性思维，培养学生的创新能力。同时，对

续表

	实验教学内容与过程		
教学环节	教师活动	学生活动	设计意图
	一个"指南针"，你觉得他的设计合理吗？如果不合理，有哪些地方不合理，为什么？ 		设计问题的论述可以反馈学生对知识的掌握情况，发展学生的论述能力。

七 实验效果评价

本课力图以初中物理新课标为依据，以提高学生核心素养为基本理念，创设学生动手实验探究、传感器演示实验、创新作业设计等环节，体现出新课标中提倡的教学方式多样化，注重科学探究的思想。利用自制微课重现历史上科学家的实验探究过程，在帮助学生树立正确的科学观的同时，将弘扬科学精神贯穿教育全过程，促使学生热爱科学、崇尚科学、崇拜科学家。课堂中每个环节的设置都立足实践，从实际应用的角度分析解决问题，体现了新版课程标准中提出的重视从生活走向物理、从物理走向社会的理念。

在实验实施的过程中，以实验创设情境，实现魔术引入，激发学生学习兴趣；以实验创设认知冲突，提高学生探究欲望；以实验任务驱动发现和解决问题，提升核心素养；以实验开展设计制作，增强学生学习成就感，通过实验的进阶设计，引导学生自行探究并得出电磁铁的核心结构设计，促使学生主动学习、深度思考。

本节课最后采取创新作业设计，通过动手实践作业和评估作业，在激发学生学习兴趣的同时，更关注学生实际收获和对知识的应用，让学生充分感受到所学知识的应用价值，实现从兴趣到志趣的转化。如图 18、图 19 所示为学生自己动手制作电磁铁所需的材料及其成果，学生在制作过程中遇到了导线太粗、无法固定、没有电池盒等问题，学生通过思考，将所遇到的困难逐一击破，在动手中锻炼了问题解决能力。如图 20 所示为学生在进行评估论述时的作答情况，学生的论述情况能及时反映学习存在的问题，效果非常突出。学生普遍反映非常喜欢这样的作业，兴趣浓厚。

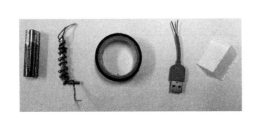

图 18　自制电磁铁材料图　　　　　图 19　自制电磁铁成果

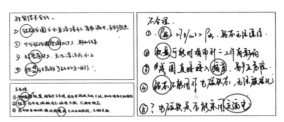

图 20　学生评估作业论述展示

专家点评

　　本实验说课案例打破了教材原有的章节划分，基于单元教学视角，让学生从门磁报警器这一生活应用入手，通过观察使用时的门磁报警器，对比"魔盒"和永磁体的作用，发现"魔盒"也具有磁性，且"魔盒"的磁性与电流有关。在此基础上，自主提出要探究的问题。进而教师采取了任务驱动的方式，让学生设计制作电磁铁。学生在制作的过程中，发现科学问题并进行科学探究，将得到的科学知识再次应用于电磁铁的制作中，环环相扣，螺旋上升，最终在完成电磁铁设计制作的同时，也完成了对于科学问题的探究和学习。

1. 实验创新点及优点

实验一：门磁报警器模型演示实验

教师巧妙地利用干簧管和磁铁、电磁铁（"魔盒"）设计了门磁报警器的实验，让学生在实验中发现"魔盒"起到的作用和生活中熟悉的磁铁起到的作用是相同的，从而让学生认识到"魔盒"也是具有磁性的物体。然后教师把"魔盒"反过来让学生观察，展示当开关闭合时，"魔盒"上的小灯泡发光，"魔盒"具有磁性；当开关断开时，"魔盒"上的小灯泡不亮，"魔盒"失去磁性。这样让学生自然联想到"魔盒"的磁性可能和有没有电流流过电路有关，于是顺理成章地形成了实验猜想。这个实验为学生提供了很好的认识基础，让学生可以从实际生活中提出问题，并且干簧管的应用也为学生后续的学习埋下了伏笔。

实验二：探究通电直导线周围的磁场

在学生提出了探究问题之后，教师让学生自主利用直导线、小磁针、电池设计实验，进行验证。学生自然地想到可以将小磁针放在通电直导线周围，观察小磁针是否会出现偏转。这个实验以往经常是由教师进行演示操作，教师会注意将导线南北方向放置，从而让导线通电后实验现象比较明显。在本课教学中，教师只是提醒了学生不能长时间短路的安全注意事项，并没有再做其他的说明，给了学生充分的探索空间，也给了学生"试错"的机会。于是学生在实验过程中，有的体验到了成功，有的体验到的是失败，这就是真实的科学探究应有的面貌，科学探究往往要经历曲折的过程，这也是培养学生科学探索精神的一个重要途径。

实验三：探究通电导体的磁场与导体形状的关系

在学生成功完成了观察通电直导线周围产生的磁场之后，教师继续提出利用通电直导线吸引曲别针的问题，学生发现根本吸不上来，这又激发了认知冲突，为什么通电直导线周围存在磁场，却不能将曲别针吸引上来呢？学生进一步思考，将关注点汇聚到通电直导线产生磁场强弱的问题。于是教师创新性地应用 DIS 磁感应强度传感器来进行测量，通过测量发现，是磁场太微弱了，那么如何增强磁场的强度呢？教师提出让学生在不改变电流强度的情况下，增强磁场，提出了磁场强弱与导线形状有什么关系的科学问题，让学生继续利用传感器进行实验探究。学生发现在相同长度、相同电流的情况下，圆形线圈中心点的磁感应强度会比较大。传统教学中对于磁感应强度与导线形状的探究是没有的，本教学案例结合传感器，提出了一个很有价值的探究问题，这也是本案例中一个重要的创新点。

实验四：探究通电螺线管周围磁场的特点

学生在发现了圆形线圈有利于增强磁场之后，自主绕制了通电螺线管，并再次尝试将铁钉吸引起来，却又经历了失败，体验到科学研究的曲折过程。于是学生进一步探究通电螺线管周围磁场分布的特点，在这里主要关注了磁场强弱这个要素。学生利用磁感应强度传感器，测量通电螺线管周围各处的磁场，发现通电螺线管两端的磁场比较强，中间的磁场比较弱，进一步了解了通电螺线管周围磁场的特点。

实验五：探究芯材对磁场强弱的影响

教师继续引导学生思考，如何让磁场进一步增强，学生想到可以加入芯材，于是再次探究加入哪种芯材能够让磁场变得更强。学生尝试向通电螺线管中分别加入铜柱、铝柱、铁柱三种芯材，结果发现加入铜柱、铝柱之后变化不大，而加入铁柱之后通电螺线管的磁性得到了极大的增强，这个实验用数据说话，用事实说话，帮助学生对于为什么电磁铁中一定要有铁芯加深了理解。在传统的教学中教师只是让学生对比有铁芯和没有铁芯这两种情况，而且只是利用能否将曲别针吸引起来进行分析，在本实验中该教师不仅比较了有无铁芯这两种情况，还在其中加入了对于铜、铝材料的研究，而且是定量地说明，让现象更有说服力，也为学生后续理解顺磁性材料、逆磁性材料埋下了伏笔，是一个教学创新点。

2. 实验的不足和改进

在本实验教学案例中，教师利用磁感应强度传感器测量通电螺线管磁场时，测出数值的大小是 0.1 mT，但是学生还没有学过磁感应强度的概念，并不了解 0.1 mT 算大还是算小，因此建议教师可以事先带领学生测量常见磁铁的磁感应强度数值，形成数值上的对比，这样可以让学生对于 0.1 mT 这个物理量的感受更为具体和形象。

3. 教学中的注意事项

在本教学设计中，教师很好地将 STEM 教育理念应用进来，采取了探究实践教学的方法，在科学教育问题中进行任务式教学，是一个非常有益的探索和尝试。今后在没有严格课时约束的情况下，可以尝试在教学中进一步减少教师的预设，更多地让学生提出研究的问题和解决的方案，更多地让学生进行开放式研究与探索，也许会激发学生更多的灵感，更加热爱物理、热爱科学探究。

创新案例16 "磁生电"魔术表演教学

天津市滨海新区大港油田第四中学 胡清月

一 使用教材

本节实验教学案例选自《义务教育教科书 物理 九年级 全一册》人教版第二十章第5节"磁生电"。

二 实验器材

1."水生电"魔术器材：烧瓶、塑料管、塑料套、磁铁、线圈、蓝墨水、玻璃纸、导线、灵敏电流计。

2."断电生光"魔术器材：电源、开关、电动机（发电机）、导线、发光二极管。

3."是真的吗？"互动求证环节魔术器材：磁铁、无线充电电感耦合装置、纸盒、锂电池、灯泡。

三 实验创新要点

1.利用魔术呈现出的不可思议现象，形成视觉、思维的冲击力，使学生获得生动深刻的印象，有效激发学生的好奇心。此外，教师的演示对学生的实验技能和素养有一定的示范作用。

2. "是真的吗？" 互动求证环节注重知识的实际应用，培养观察力、想象力、"去伪存真"的科学意识，传达严谨科学的学习态度，并适时对魔术进行简单揭秘，拓宽了学生的视野，激发了学生的学习兴趣和探索热情。

3. 体现"小实验、大智慧"，蕴含着创造教育的因素，且成本低，易于普及。这些特点体现了核心素养的思想精髓，意在告诉学生，看似复杂的物体，其实都是由简单的结构加工而成，看似不可思议、变幻莫测的现象其实背后都有简单的原理来支持，要敢于简化复杂事物和复杂原理，鼓励学生勤于动手，挖掘资源，大胆发明创造，将物理运用于生活。

四 实验原理

电磁感应原理：闭合电路的部分导体在磁场中做切割磁感线运动，从而产生感应电流。

五 实验教学目标

创新融合互动求证环节，突破传统机械记忆模式，落实"了解产生感应电流的条件"的教学目标。

六 实验教学内容

1. 魔术 1："水生电"魔术。

2. 魔术 2："断电生光"魔术。

3. 魔术 3：线圈靠近磁铁就能产生感应电流，让二极管发光，这是真的吗？

4. 魔术 4：普通照明灯泡做切割磁感线运动就可以产生感应电流，这是真的吗？

5. 魔术 5：磁铁绕上铜线就能产生感应电流？这是真的吗？

七 实验教学过程

1. 教学流程概述

（1）教师演示实验，进行魔术表演，设置悬念，激发学生的好奇心，吸引学生的注意力。

（2）随着分组实验的逐步开展，教师顺势对器材进行逐步拆解，提升学生的科学思维能力、动手能力及分析归纳总结能力。

（3）学生根据所学内容对实验原理进行解密，进一步提升科学推理能力。

（4）利用所学内容，结合所需器材进行拓展延伸，在事实证据和科学推理的基础上，培养学生提出创设性见解的品格和能力。

2. 教学过程分解

（1）魔术的直观感染力——新课引入。

在导入部分，利用魔术呈现出不可思议的现象，引起学生对其中蕴含奥秘的探索欲望，进而引入与其有关的概念规律。

魔术 1："水生电"魔术——蓝色的液体可以发电吗？（见图 1、图 2）

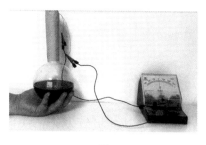 

图 1 图 2

当烧瓶静止时，灵敏电流计没有偏转，晃动烧瓶，灵敏电流计发生偏转。从出示仪器到进行表演的全过程，都给学生带来多方面的认知冲突，同时激发学生的思考。所需实验器材为烧瓶、塑料管、塑料套、磁铁、线圈、蓝墨水、玻璃纸、导线、灵敏电流计。核心部件是摇摇棒，采用略小于烧瓶直径的塑料管，在外面缠上线圈，里面加上磁铁，两端用塑料套封闭。烧瓶中加入蓝色墨水，将摇摇棒藏在烧瓶的瓶颈，外面用玻璃纸包裹，当晃动烧瓶时，学生只能看见水的晃动，但是不知道管内磁铁在做相对运动，从而产生感应电流，使灵敏电流计发生偏转。

"水生电"魔术的解密环节则放在学生体会切割的相对性实验之后，对传统切割的概念进行翻转，并在此环节进行前后整合，目的是引导学生将摇摇棒运用到生活中，自制"摇摇手电筒"，建立"学以致用"的科学理念，敢于利用所学知识发明创造。但是"摇摇手电筒"所需电流较大，由此为学生创造困难情境，引导学生对现有摇摇棒进行思考加工，学生自然想到从影响感应电流大小的因素入手，对现有装置进行有效改进，体现了战胜困难与享受成功的情感价值。

魔术 2："断电生光"魔术——失去电源，二极管还能发光吗？（见图3、图 4）

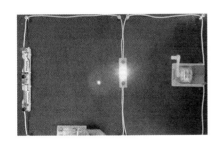

图 3

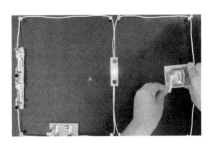

图 4

将教材中的疑问用实验的形式进行包装，设置悬念。将电动机和二极管并联，闭合开关，二极管发光，电动机转动。将电源与用电器分离，摇动手柄，二极管重新发光。实验器材有电源、开关、电动机、导线、发光二极管。同样的磁铁和线圈，电动机也可以作为发电机使用，展现了电生磁和磁生电的思维互逆性以及事物之间的对称性。"断电生光"魔术的解密，则放在学习发电机原理之后，学生在有相应的知识储备后可以很自然地说出其中的工作原理，同时为电磁感应在生产生活、军事领域中的应用做衔接。

（2）魔术的思考和跟踪——"产生感应电流的条件"的应用。

直观教学为学生提供了建立概念所必要的感性认识的材料。然而，确定事物与现象之间的因果关系，需要实践与思考相结合。学生在学习了"产生感应电流的条件"后，对于"闭合电路""部分导体""切割磁感线运动"三个条件，仍处于传统的机械记忆模式之中，并没有实际情境去体会应用。因此创设了"是真的吗？"互动求证环节，使学生进入实际情境，运用所学概念识别三个魔术真伪，并进行当场解密。

魔术3：线圈靠近磁铁就能产生感应电流，让二极管发光，这是真的吗？（见图5）

引导学生发现本实验缺失的条件为"切割磁感线运动"。所用到的实验器材有纸盒、无线充电装置、磁铁。本实验的发光原理并非切割磁感线，而是无线充电电感耦合，将部分装置隐藏在盒子下面，磁铁则起迷惑作用。但魔术的前提是"可见度"较好，当无法通过放大装置、背景衬托等方式提升可见度时，需借助多媒体功能，例如视频播放等，增强信息表现力，提高课堂效率，使课堂更加生动。

魔术4：普通照明灯泡做切割磁感线运动就可以产生感应电流，这是真的吗？（见图6）

本实验的灯泡并非单独的用电器，而是自带锂电池，正常情况灯泡底部是断开的，当人体充当导体时灯泡则会发光。引导学生发现缺失的条件为闭合电路。因此此说法是假的。

魔术5：磁铁绕上铜线就能产生感应电流？这是真的吗？（见图7）

本实验取自网络，采用的器材是磁簧片，当磁力超过两个簧片本身的弹力时，簧片就会吸合从而导通电路。引导学生发现缺失的条件为切割磁感线运动。因此此说法同样是假的。

 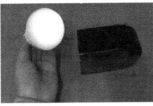 

图 5　　　　　　　　图 6　　　　　　　　图 7

　　通过三个魔术，再次落实产生感应电流的条件，注重知识的实际应用，培养学生观察力、想象力、"去伪存真"的科学意识，传达严谨科学的学习态度，并适时对魔术进行简单揭秘，激发了学生学习兴趣和探索热情，拓宽了学生的视野。

八　实验效果评价

1. 学生的注意力得到了有效吸引，学生的一些能力得以培养或提升。
2. 学生的"学以致用"能力得到了良好反馈，思维品格得以升华。
3. 教师的创造意识，激发了学生的探索学习欲望。

专家点评

　　本实验创新案例充分挖掘了魔术的魅力，利用学生对于魔术现象的好奇心理，开展实验教学，并让学生在观看魔术的过程中，形成理性思维和辩证的思考。

　　1. 实验创新点及优点

　　本节课的教学过程中，教师重点安排了两个教学单元，第一个教学环节是新课的引入阶段，共安排了两个实验，第一个是"水生电"的魔术演示。在这个实验中，该教师应用"障眼法"，将水中加入颜料使之能够具有一定的遮光性，然后在水中放入一个装有强磁铁的小盒，当教师颠倒瓶子使瓶中的液体流动时，学生就会观察到电流表的指针发生了偏转。这个实验将传统磁生电实验中都会用到的磁铁、线圈都隐藏起来，增加了实验的神秘感和趣味性，让学生主动去思考和探究磁生电的产生原因，进而试图解释魔术背后的道理。第二个是"断电生光"魔术演示，教师先演示了在电动机和二极管并联的时候接通电源，二极管会发光，电动机会转动，将电源开关断开之后，摇动电动机，这时电动机变成了发电机，使二极管又重新发光，学生再次感受到了磁生电的神奇魅力。而且通过这个实验，学生直观地体会到了电动机和发电机之间互递和对称的关系，对于科学思维的形成很有帮助。

第二个教学环节是"产生感应电流的条件"的应用环节，这个环节中教师利用"是真的吗"这样的模式，让学生判断三个说法的真假，学生利用掌握的知识进行理性分析和逻辑判断，提升了科学思维能力。

2. 实验的不足和改进

"水生电"魔术实验环节中，教师在颠倒瓶子时，电表指针的摆动不太明显，可以进一步改进实验条件，让实验现象更容易观察，给学生更大的视觉冲击力。

在"断电生光"魔术实验环节，教师演示手摇电动机时二极管发光，此时可以让学生注意观察二极管一闪一闪的发光特点，如果直接观察这个现象不太明显，教师还可以用手机中的快速摄影功能录下这个实验现象，然后让学生通过慢放镜头再仔细观察二极管闪烁发光的特点。值得说明的是，本实验用到的直流电动机中存在换向器，所以反过来发电的时候电流方向并不变化，只是大小在变化，但是通过这个实验现象可以让学生对电流变化有一个粗浅的认识，为后续的学习做铺垫。

3.教学中的注意事项

在魔术实验3和魔术实验5中，教师想向学生传递一个观点，那就是缺少了导体做切割磁感线运动这个条件就不会形成感应电流，这个观点在初中来看是没有问题的，但是从整个物理知识体系的角度，电磁感应现象分为动生和感生两种情况，感生电动势的产生就是没有切割磁感线的运动，只是由于磁通量变化带来的，而且魔术实验3就是利用了感生电磁感应现象，所以教师在这里强调只要导体没有切割磁感线的运动就一定不会形成感应电流的说法值得商榷。

在教学中教师需要明确实验是为教学服务的，本课例中教师给学生列举了很多反例，但是没有给出正确的探究电磁感应现象的实验教学，除了两个引入实验之外，建议补充一个更为正式、清晰的探究实验，让学生看得更清楚，想得更明白。所以除了本案例中展示的教学内容之外，教师还可以综合应用各种教学手段，呈现一个完整的教学设计。

创新案例 17 电磁波

辽宁省锦州市第八初级中学 董新

 使用教材

本实验教学案例选自《义务教育教科书 物理 九年级 全一册》北师大版第十五章第1节"电磁波"。

二 实验器材

收音机、电阻箱、电流表、电源、开关、导线、手电筒、小灯泡、调光台灯、锉、锯条、静电发生器、电磁波发射器、声光接收器1（将电磁波强弱转换成声音和指示灯的个数）、表头接收器2（将电磁波强弱转换成微安表偏转角度）、电磁辐射检测仪、手机相机（可用慢镜头）、三根绳子（其中两根相同，另一根不同）、电话手表、金属盒、常见家用电器（见图1）。

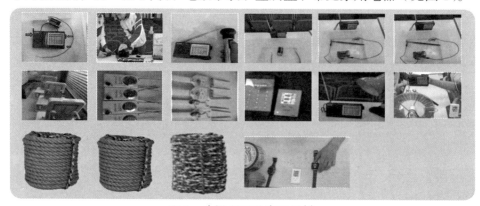

图1 本课用到的实验器材

三　实验创新要点 / 改进要点

1. 选题创新

（1）往届说课比赛中未出现过此选题。

（2）学生对电磁波这节课没有过早、过度预习，还保留新鲜感。

（3）初中阶段对"电磁波的波速与介质种类和频率是否有关"没有相关的探究实验。利用绳波进行类比探究，实现了从无到有的突破，器材易得，却能实现化繁为简，产生具体直观的效果。（见图2、图3）

图2　相同介质中，频率不同但波速相同

图3　不同介质中，绳波的波速不同

（4）"对电器周围电磁辐射的检测以及探究手机周围辐射强度与哪些因

素有关"是一个崭新的问题。可以培养学生的科学素养、探究能力，增强学以致用的意识。（见图4）

图4　检测常见电器周围电磁辐射

2. 方法创新

教法：主要采用了情境教学法、对话教学法、活动教学法以及实验教学法。

学法：主要采用了观察法、自主合作探究法、查阅资料法以及研究性学习法。

本节课还渗透了类比法、比较法、控制变量法和转换法。

3. 探究方案创新

（1）与教材中的实验方案相比，在探究电磁波产生环节，增加了电流表。目的是降低猜想难度，更有利于学生把电磁波的产生和电流的变化建立联系。引导学生观察大量产生电磁波的现象，包括增加静电装置产生变化的电流。（见图5）

图5　探究电磁波产生条件（器材中增加电流表，方案多样）

（2）在学习并理解频率、波长和波速的关系时将电磁波和人走路进行类比，通过播放慢动作视频，引导学生观察大人和小朋友走路时频率、步长和速度的关系。这种化抽象为具体的类比方法能够更加便于学生理解。（见图6）

图 6　探究频率、波长和波速的关系

4. 教学手段创新

本节课中包含着大量的演示实验和学生分组实验，教师结合自制微课进行教学，并利用手机投屏软件将实验现象同步分享给所有学生，最后学生查阅资料并讨论交流、汇报成果。

四　实验原理

1. 通过观察大量产生电磁波的现象启发学生猜想产生的原因，并为学生提供丰富的器材以验证猜想。

2. 类比人走路，得出频率、波长与波速的关系。

3. 类比声速猜想电磁波的波速与介质有关，与频率无关。并通过学生活动，观察绳波的波速以帮助理解。

4. 探究手机的辐射与什么有关，从而提高探究能力，培养科学素养。

五 实验教学目标

1. 核心素养目标

（1）物理观念

知道电磁波产生的条件；知道电磁波频率、波长、波速的关系，知道波速与哪些因素有关；了解电磁波的应用及其对人类生活和社会发展的影响，认识到它的双重性。

（2）科学态度与责任

通过实验培养探索物理知识的兴趣；初步认识科学技术对社会发展、人类生活、军事的影响；激发学生的求知欲，产生将来为国家和社会做贡献的使命感。

（3）科学探究

具有实验探究意识，能够发现问题、提出合理猜测与假设；具有设计实验探究方案和获取证据的能力，能使用各种科技手段和方法收集信息；具有合作与交流的意愿与能力，能准确表述、反思实验过程和结果。

2. 教学重难点

教学重点：探索电磁波的产生条件，了解电磁波的应用及其对人类生活和社会发展的影响。

教学难点：培养科学探究的能力，会运用类比、转换等思想解决问题。

六 实验教学内容

板块一：探究电磁波产生条件。

板块二：探究电磁波的强弱与距离的关系。

板块三：类比探究波速与介质和频率是否有关。

板块四：测量电器周围的辐射，探究手机辐射与什么有关。

七　实验教学过程

1. 探究电磁波产生条件

介绍器材，练习使用收音机接收电磁波，渗透转换的思想，分析能量转换的过程。

引导学生观察相关现象，从而大胆猜想电磁波的产生条件。

交流实验方案，设计实验，制订计划。

分组进行实验，验证猜想。

展示探究过程，得出探究结论。

2. 探究电磁波的强弱与距离的关系

师生同步合作，测量自制仪器发射的电磁波的传播距离。

3. 类比探究波速与介质和频率是否有关

介绍收音机接收的电磁波传播距离远的原因。

介绍频率的物理意义、定义和单位。

类比人的运动，从而引出波长、波速的概念，以及频率、波长、波速三者间的关系。

利用绳波类比理解波速与介质种类有关，与频率无关。

4. 测量电器周围的辐射，探究手机辐射与什么有关

介绍电磁辐射。

检测常见电器周围的电磁辐射强度，探究电磁屏蔽现象。

探究手机周围的电磁辐射强度与什么有关。

八 实验效果评价

在探究电磁波产生环节，由于观察了大量的现象，因此学生能够猜想出产生条件。演示实验能够帮助学生在分组实验中不迷茫，基本上都能亲历探究过程，得出实验结论。本节通过简便可行的实验演示和层层递进的分析，将电磁波的产生可视化，实验中所用到的对比思想有利于培养学生的分析能力。通过学生活动，例如测量电磁波传播距离、测量电磁辐射强度、观察绳波等，突破了难点。教学过程轻松愉悦，课堂高效而有序，提升了学生的科学素养和探究能力。

专家点评

本实验巧妙地引导学生从对电磁波的直观感受深入探究其产生和传播规律。学生通过分析实验数据，自主发现了电磁波的关键物理参数，并利用自制的测量装置进一步探究电磁波的特性。整个教学过程紧密相连，实验应用合理，教学效果显著，充分体现了启发式教学和学生主体性原则，有效地帮助学生构建了电磁波知识系统，较好地实现了课程的教学目标。

1. 实验创新点及优点

本实验包含三个板块。板块一通过增加电流表，使学生能够直观地观察到电磁波产生时电流的变化，这一改进降低了学生对电磁波产生条件的理解难度。板块二利用自制的电磁波发射器和接收器，让学生能够探究电磁波的强弱与距离的关系。这种实验设计不仅提高了实验的互动性和趣味性，而且能够让学生亲身体验电磁波的传播特性，增强他们对电磁波传播规律的认识。板块三通过类比法，将电磁波的频率、波长和波速的关系与人们熟悉的走路过程相比较，使学生能够更容易地理解这些抽象的物理概念。通过慢动作视频展示大人和小朋友走路时的频率、步长和速度的关系，将复杂的电磁波理论转化为学生易于理解的直观现象。

实验环节紧密围绕电磁波的核心概念展开，采用了以问题为导向的探究式教学方法。这种设计尊重了学生的主体地位，鼓励他们在实验过程中自主提出问题。通过这样的教学策略，学生不仅能够关注到电磁波的关键参数，如频率和波速，还能够在实践中培养解决问题的能力，体现了"学以致用"的教学理念。

课程设计从电磁波的基本概念出发，逐步引导学生进行深入探究，从观察电磁波的产生到测量其传播特性，再到理解电磁波的应用，形成了一个由浅入深的学习路径。这种循序渐进的教学方法符合学生的认知规律，有效地培养了学生的科学思维和探究精神。特别是在将电磁波的传播特性从定性描述转化为定量分析的过程中，学生通过实验数据的收集和分析，在提高科学素养的同时激发了对科学探究的兴趣，保持了学习的积极性。

2. 实验的不足和改进

在本实验中，虽然设计思路和教学方法都颇具创新，但仍有一些细节可以进一步优化。例如，实验中提到测量电磁波传播的距离，这个提法有待商榷，实际上电磁波发出之后是向全空间无限远进行传播的，只是由于辐射强度不同导致有的测量仪器测不出来，但是不能说没有向更远处传播，所以应该让这一部分的表述更加严谨。

3. 教学中的注意事项

在本教学案例实施过程中，教师通过绳波模拟了电磁波的传播过程，让学生对于电磁波有了一些形象的观念，为学生铺垫了认知基础，这是很好的教学尝试。但是绳波作为一种机械波，其传播是需要介质的，而介质对于电磁波的传播并不是必要的，所以结合这一点可以给学生做一个对比的辨析，以免学生产生误解。

教师应鼓励学生在实验后进行深入的反思，提出自己的见解和疑问。这种批判性思维的培养对于学生理解电磁波的特性至关重要。教师可以通过引导学生讨论实验结果，帮助他们理解电磁波的传播路径、频率、波长和波速等知识点。同时建议教师应灵活运用多种教学手段，如实物演示、互动讨论和多媒体展示，以丰富教学内容，让课堂内容更加生动形象，提高学生的参与度和学习兴趣。

创新案例 18　越来越宽的信息之路——光纤通信

山东省潍坊市昌邑市育新学校　宋荣琦

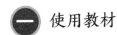 **使用教材**

本实验教学案例选自《义务教育教科书　物理　九年级　全一册》人教版第二十一章第 4 节"越来越宽的信息之路"中的光纤通信教学片段。

二 **实验器材**

1.手机、自制调制电路（甲类功放）、激光灯、充电宝、与音箱音频线连接的太阳能电池板、音箱（见图 1）。

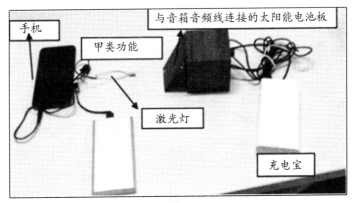

图 1

2.自制器材。

（1）自制调制电路：三极管、电容、电阻（见图 2）。

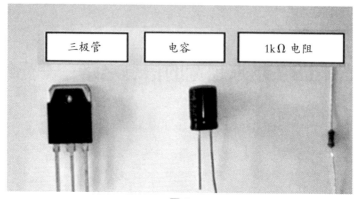

图 2

（2）实验电路图（见图 3）。

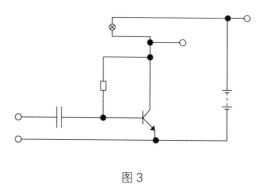

图 3

（3）实物图（见图 4）。

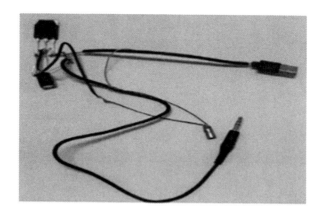

图 4

三 实验创新要点

通过自制改良调制电路，实现对声音信号的调制。本实验探究是由一系列实验组成的，通过层层递进的探索，让学生掌握光纤通信的整个过程。

四 实验原理

类比第二十一章第 3 节的无线广播发射原理，通过自制调制电路用音频电信号去调制激光的亮度，把音频信号用激光发射出去，实现光传导。

五 实验教学目标

1. 通过实验进阶，了解调制与解调过程，知道光纤通信的原理及其在生活中的应用。

2. 通过实验过程中的设计、观察与改进，培养学生的科学探究意识和综合思维能力。

3. 通过单片机编程改进光传导实验，知道利用光传导可以进行模拟通信和数字通信。

六 实验教学内容

本节课以学生在课堂上真实情境引发的问题为引导，通过实验进阶让学生了解光纤通信的完整过程，增强学生的科学思维以及科学探究能力。

学生对光纤通信原理与过程存在以下疑惑。

问题一 光真的能够传递信息吗?

问题二　怎样将信息加载到光信号上传导？

问题三　光传导的距离有多长呢？

问题四　为什么要用光纤来通信呢？

针对学生提出的问题进行了与之一一对应的四个进阶实验探究，分别是起点实验"光信号引起声音信号的变化"，让学生构建光信号转换成声音信号的思维模型；进阶实验一"光传导实验"，类比无线广播的工作过程实现将信息加载到光信号上传导以解决学生的思维盲点；进阶实验二"探究光传导的距离""激光通信"让学生理解利用激光可以实现长距离传导；进阶实验三"光纤通信"最终引领学生走向探究的终点，让学生掌握光纤通信的完整过程（见图5）。

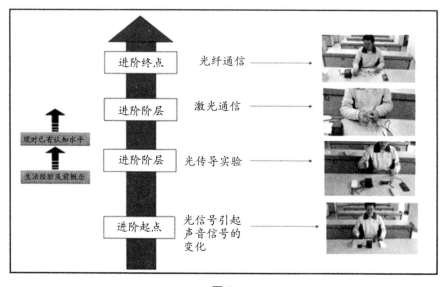

图 5

七 实验教学过程

1. 实验改进及突破

起点实验："光信号引起声音信号的变化"。

实验器材：手电筒、太阳能电池板、音箱（见图 6）。

实验过程：将太阳能电池板与音箱的音频线相连，利用充电宝供电，并用手电筒照射太阳能电池板，通过不间断地控制开关，从而控制手电筒的亮灭，此时音箱也发出有规律的声响。

实验结论：光信号可以转换成声音信号。

模型构建：　光信号　———→　声音信号

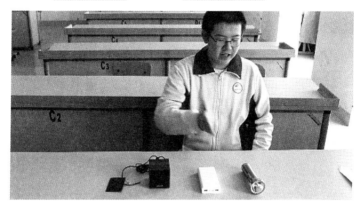

图 6

既然光信号可以转换成声音信号，那么怎样将信息加载到光信号上传导呢？针对学生提出的第二个问题，从教材第 3 节中找到了答案，回顾无线广播的发射和接收过程，教材中强调声音信号转换成电信号，然后用调制器把音频电信号加载到高频电流上再通过天线产生的电磁波发射到空中，这时候学生提出是否可以将调制电流与手电筒连接，利用手电筒发出强弱变化的光代替天线产生电磁波发射到空中实现将信息加载到光信号上。此时，制作一个调制电路成为解决问题的关键，经过查阅资料，由三极管、电容和电阻制成的甲类功放可以实现这个功能，于是自制调制电路并连接手电筒和手机，解调过程继续利用上一个实验太阳能电池板和音箱的组合，以下是具体的探究。

进阶实验一："光传导实验"。

实验器材：手机、自制调制电路、手电筒、太阳能电池板、音箱（见图 7）。

实验过程：手机与音频线相连并播放音乐，用充电宝作为电源，利用自制调制电路实现对声音信号的调制，打开手电筒开关，照射太阳能电池板，发现音箱此时正播放手机中的歌曲，当遇到障碍物时，音箱也停止播放音乐。

实验结论：声音信号可以加载到电流上并利用光信号进行传导。

模型构建：

声音信号 —调制→ 光信号 —解调→ 声音信号

图 7

学生能够直观地观察到光传导这一神奇现象，结合亲手制作调制电路，不仅衔接了第 3 节的内容，而且为后面的激光通信内容做了铺垫。手电筒发出的光稳定，但是传导的距离有多长呢？是不是能够长距离传导呢？针对学生提出的问题三我们再次发起探索。

进阶实验二："探究光传导的距离""激光通信"。

实验器材：手机、自制调制电路、手电筒、手持激光测距仪、激光灯、太阳能电池板、音箱。

实验方法：控制变量法。

实验过程：控制光照强度不变，改变发射端与接收端的距离，利用激光测距仪，每间隔 1 m 通过音箱观察信号的强弱（见图 8）。

实验数据：

距离	1 m	2 m	3 m	4 m	5 m	6 m
信号强弱	强	强	强	弱	弱	弱

实验结论：当光照强度不变时，随着发射端与接收端的距离增大，信号变弱，最大传播距离为 7.6 m。

手电筒发出的光稳定，但是传导距离比较短，能否利用平行度更好、亮度更高的激光实现长距离传导呢？我们利用激光再次探索（见图 9）。

实验过程：将手电筒换成激光，发现信号稳定，音箱能正常发出声响，将发射端放置到楼梯口一端，在楼梯口的另一端找到激光点并放置接收端，音箱仍能够正常发出声响。

实验结论：利用激光可以实现长距离传导。

图 8　　　　　　　　　　　　　图 9

因此，我们知道利用激光可以实现长距离传导，但是激光在传导过程中容易受到气象条件限制，雨、雪、雾等天气将大大降低光传输的距离，那么怎样才能让激光在传导的过程不受干扰呢？根据课本实验，我们利用激光照射已打好孔、盛满水的塑料瓶，打开瓶塞后发现光不但能够沿着直线传播，还能沿着水流传播。光能沿着水流传播的原因是在界面上发生了光的反射。光纤也可以像水流一样，让光经过多次反射照射到远方，这样就避免了传导过程中受到干扰。于是我们利用光纤再次实验，通过实验探究解决了学生的最后一个困惑。

进阶实验三："光纤通信"。

实验器材：手机、自制调制电路、光纤、激光灯、太阳能电池板、音箱（见图 10）。

实验过程：用激光照射光纤的一端，另一端的光纤对准与音箱连接的太阳能电池板，播放手机中的音乐后发现音箱能够正常工作。

实验结论：激光在传导过程不受干扰。

图 10

2. 实验拓展

利用光传导除了进行模拟通信之外还可以进行数字通信。课本第 1 节介绍了可以用长短不同的声音、长短不同的亮光组成各种数字信号。课外兴趣小组利用单片机编程，通过控制光照的强弱，实现了基于光传导的数字通信（见图 11）。

实验名称："基于光传导的数字通信"。

实验器材：51 单片机。

实验过程：利用单片机编程发送摩尔斯电码从而实现基于光传导的数字通信。

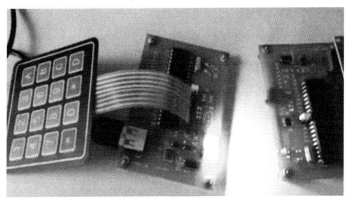

图 11

八 实验效果评价

本实验突破了教材实验的局限性，通过实验进阶帮助学生建立科学思维，让学生在构建模型思维、科学推理思维、科学论证思维和质疑创新思维方面都得到发展。

专家点评

本教学案例展现了对初中物理教学的深刻理解和创新精神。通过一系列精心设计的实验活动，有效地引导学生探索光纤通信的原理和应用。教学案例在实验设计、教学目标设定以及教学手段的创新上均表现出色，充分体现了以学生为中心的教学理念。同时本案例也是跨学科综合实践课程的一个典型案例，在科学教育中很好地融入了技术要素，是体现 STEM 教育理念的一次有益探索。

1. 实验创新点及优点

本节课共有两个实验创新点，第一个体现在自制调制电路的设计与应用。通过自制改良的调制电路，学生能够亲身体验声音信号的调制过程，这一创新不仅突破了教材的局限性，而且让学生在实践中深入理解利用光信号进行通信的基本原理。第二个体现在通过一系列递进式的实验设计，帮助学生逐步构建起对光纤通信系统的认识。这种实验设计不仅提高了学生的实践操作技能，而且培养了他们的科学探究意识和综合思维能力，有效地促进了学生科学思维的发展。

该教师基于问题引导的进阶式实验探究的课程设计，以光纤通信的核心原理为线索，巧妙地构建了一个由浅入深的实验教学体系，在课程中也体现了跨学科实践课程的特征，将科学与技术问题相结合，体现了科学与技术的紧密联系。课程通过问题引导的方式，激发学生的好奇心和探究欲，让学生在自主探究的过程中逐步揭开光纤通信的神秘面纱。这种教学策略不仅尊重了学生的主体地位，而且通过实验的层层递进，让学生在解决实际问题的过程中，自然而然地掌握光纤通信的基本原理和技术。

2. 实验的不足和改进

在实验教学过程中，由于手电筒的光线是比较弱的，在环境光比较强时，会对实验现象造成比较大的影响。建议教师可以选择遮光效果比较好的光学实验室来进行实验，尽量排除环境光带来的干扰，提升实验的整体效果。

3. 教学中的注意事项

本教学案例中用到了大量的电子电路知识，这些对于初中生来说过于陌生，很难通过上课时间消化，建议教师说明如何让学生较好地掌握相关知识，并将其应用在实践中。在实验安全方面，教师应提醒学生遵守安全规程，特别是在使用强光源时，应采取适当的防护措施。

创新案例 19　做功改变物体内能的实验的改进与创新

广西壮族自治区桂林市桂林中学　王芊允

一　使用教材

本节实验教学案例选自《义务教育教科书　物理　九年级　上册》沪科技粤教版第十二章 12.1 节 "认识内能"。

二　实验器材

1. 自制教具——针筒实验

注射针筒、温度传感器、玻璃胶枪、输液三通管。

2. 自制教具——打气瓶实验

气门芯、塑料瓶、温度传感器、打气筒。

三　教材及学情分析

1. 分析教材

本节在第十二章中处于基础性地位，是宏观能量向微观能量的过渡，上接机械能与机械功，下启内能与热机。主要内容包括内能的概念以及改变内能的两种方式。笔者将从做功改变物体内能这一方面进行实验创新与突破。

2.分析学情

内能概念较为抽象，学生对其陌生，但生活中却很常见，因此可以利用九年级学生观察能力强、好奇心足的特点，通过实验教学，用看得见的现象反映看不见的内能变化，突破做功改变物体内能的难点，引导学生完成本节知识的学习。

3.分析教材中实验

做功改变物体内能是本节中的活动一，教材主要用两个实验进行说明，分别是刀在磨刀石上摩擦后温度升高以及空气压缩引火仪实验。在教师教学参考用书中指出，实验应为学生提供充分的感性素材，建议运用简单易行、效果新奇的实验以及简单的生活实例。本节内容对进一步学习能的转化和能量守恒定律具有重要作用。

四 实验创新要点及实验设计思路

实验需要针对不易操作、不易观察、不全面来进行改进，目的是依据课程标准，创新出成功率高、便于观察、能同时研究物体对内对外做功带来内能变化的实验。因此，我将从自制实验器材、学生分组以及教师演示几个方面进行改进。

1.创新实验一：针筒实验

（1）实验装置

由注射针筒、温度传感器、玻璃胶枪、输液三通管组成，如图1所示。压缩气体，外界对气体做功，打开阀门，气体对外做功。温度传感器显示温度变化，从而反映内能变化。

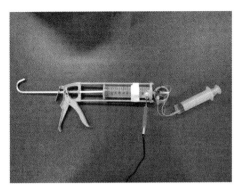

图 1　针筒实验装置

（2）创新改进

①采用温度传感器它能够方便测量针筒内部温度，且安全可靠，不易损坏。

②采用了玻璃胶枪，压缩气体时如果单靠手动压缩，很难取得好的效果，并且一松手就会回弹，因此，具有省力杠杆结构的玻璃胶枪成了实验的改进工具。同时，玻璃胶枪的支架形态，使压缩气体时能够避免手与针管的接触，从而避免了热传递对内能变化的影响。

③为了同时研究气体对外做功时内能的变化，采用了可以控制气体进出的输液三通阀，两端螺旋式的结构能保证装置的气密性。闭合阀门，可用于探究外界对气体做功。打开阀门，连接另一个针筒，可用于探究气体对外界做功。

（3）改进后效果

①将不易操作转变为易操作。在课堂上，教师可以进行操作，在传感器配备齐全的学校里面，学生也可以自主操作，如果没有传感器，我们也可以用数显温度器代替，组装也较为便捷，学生操作如图 2 所示。

②有数据的量化后，内能的变化更容易观察。

③不仅可以探究外界对气体做功内能的变化，同样可以探究气体对外界做功时的内能变化。

图2 针筒实验学生操作

2.创新实验二：打气瓶实验

（1）实验装置

由气门芯、塑料瓶、温度传感器、打气筒组成，如图3所示。将一个塑料瓶瓶口处安装气门芯及自行车内胎垫片，密封空气的同时可以通过气门芯将气体打入塑料瓶中，然后在塑料瓶的尾部开口，将温度传感器插入瓶子内，便于显示瓶子内部温度，并在瓶子内装入酒精。

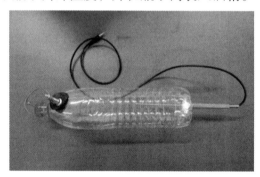

图3 打气瓶实验装置

（2）创新改进

①将容易损坏的空气压缩引火仪替换为可承受压强更大的塑料瓶，器材常见，安全性高。为进一步保证安全，可利用螺丝和线固定瓶盖，避免拧开时冲出伤人。

②受到自行车打气时轮胎发热、内能增大的启发，将气门芯和车轮内胎巧妙地与塑料瓶结合在一起，通过打气筒打气，实现外界对物体做功。由于塑料瓶没有弹性，密封空气较为困难，在多次尝试比较后，采用了弹

性大，承压强的 704 密封胶。

③同样，教师在瓶内放入了温度传感器，另外在瓶子中滴入了酒精。打开盖子后内能减小，温度降低，酒精液化，出现大量白雾。而打气筒打气使瓶子内气压更大，拧开瓶盖后发出巨响，吸引学生注意力。传感器在电脑上显示温度，量化数据。三管齐下，共同激发学生的探知欲。

（3）改进后效果

①易操作。器材常见，操作简单，塑料瓶的可承受压强大，安全系数较高，学生操作如图 4 所示。

②实验中瓶盖飞出时发出巨响，并且产生大量的白雾，较为震撼。采用温度传感器显示温度，从定性和定量两个角度展现瓶子内部内能，使学生印象更为深刻。

③更全面。本实验装置，不仅可以用来研究外界对气体做功时内能的变化情况，还能研究气体对外界做功时内能的变化情况。并且在瓶盖飞出时，气体的内能转化为瓶盖的机械能，这也为下一节能的转化内容做好铺垫。

图 4 打气瓶实验学生操作

五 实验效果评价

1. 实验总结

以易操作、易观察、够全面为主要目标，结合数字化技术，进行了做功改变物体内能的实验改进与创新。分别在学生分组实验以及教师演示实验中做出了一定的创新与突破，为接下来学习能的转化与能量守恒定律做好铺垫。

2. 方案实施

（1）精彩的课程导入

以打气瓶实验作为演示，展现震撼效果，吸引学生目光，激发学生探知欲。

（2）分组实验的完善

利用针筒实验，引导学生完成制定计划、组装器材、进行实验、分析传感器数据结果、得出结论等实验步骤，最终在实验探究中提升学生物理科学素养。

（3）教学流程首尾呼应

在打气瓶内部安装温度传感器，探知瓶内内能变化，揭秘导入实验，让学生从中体验物理探究的乐趣。

（4）实验改进效果

多次携带器材磨课并参赛，在组内优秀教师的指导下逐步修改。完善后方案可行性较强，课堂融入度高，学生接受程度好。

（5）其他

两个实验改进中，应用了温度传感器，结合数字化手段，量化内能的变化。而对于没有传感器的学校，可以采取数显温度计，耗材便宜，组装简单。

专家点评

本课围绕做功与能量变化的关系这个核心问题开展了实验的创新设计，将传感器应用于实验中。

1. 实验创新点及优点

第一个实验是针筒实验，教师发现在传统的空气压缩引火仪的实验中存在几个待改进之处，比如操作时需要比较大的力气、比较快的速度下压活塞，才能看到硝化棉被点燃的现象，因此很多教师在课堂演示的时候容易失手，无法做出明显的实验现象。即使教师掌握了实验技巧，成功做出了实验，也是一瞬间发生的，不太容易观察到，且学生也容易质疑：点燃硝化棉的热量是压缩空气获得的，还是摩擦生热获得的，抑或是碰撞获得的？于是该教师进一步设计了针筒实验，在一个大号的针筒内部预置了一个温度传感器，可以实时地显示针筒中的空气温度。对于压缩空气的方法，为了更加方便，也为了防止空气压缩之后再出现反弹，教师创新地将家装行业用的玻璃胶枪用于实验中，其中应用杠杆原理可以实现力的放大，从而让实验的操作变得容易，同时也避免了手作为一个热源直接与针筒壁接触造成温度测量的误差，提高了实验的科学性，培养了学生对待科学实验的严谨态度。为了能够同时研究气体对外做功时内能的变化，教师采用了医疗行业中用到的输液三通阀，这样可以通过调节阀门的状态，切换装置的功能，实现使用一套装置同时探究"外界对气体做功"和"气体对外界做功"两种功能，相对于传统的空气压缩引火仪只能研究"外界对气体做功"一种情况，有明显的功能拓展，实验器材的功能集成性更好。

第二个实验为打气瓶实验，在传统的教学中有一个教学演示实验，即用打气筒向烧瓶中打气，然后烧瓶中的空气将塞子冲开，这时烧瓶内的空气温度迅速下降，烧瓶中的水蒸气遇冷液化成小水滴，烧瓶中出现

"白气"的实验现象。这个实验在操作中确实也存在一定的问题，那就是塞子的冲开时间具有不确定性，往往会给人一种意外的刺激，而且在这个实验中对于瓶塞塞的松紧程度也有一定的技巧，塞子塞得太松会让实验现象不明显，塞子塞得太紧又会让塞子冲开的时候速度太快。同时对于实验现象的理解，初中生也往往存在一定的困难。

因此该教师利用生活中常见的塑料瓶来进行改造，在塑料瓶上装了一个气门芯，起到气体单向阀门的作用，同时气门芯没有装到瓶盖上，而是装在了塑料瓶的侧壁，防止气门芯随瓶盖被喷射出去，改进了原有实验中瓶塞和玻璃接头一起被喷出的问题。在对打气瓶打气的过程中，可以观察到瓶内气体温度上升的现象，这也模拟了向轮胎中打气，轮胎中的气体温度升高的现象。

打气过程结束后，教师拧松瓶盖，让瓶内的空气将瓶盖喷出，从而实现了操作者控制下的气体迅速膨胀对外做功，这也改进了原来传统实验中的不可控性，让学生更容易集中注意力观察实验现象。同时在本实验中，该教师还利用螺丝和线约束瓶盖，使瓶盖不会飞出太远，从而提高了实验的安全性。

2. 实验的不足和改进

在教师实际教学过程中发现，学生还容易存在一个疑问，那就是摩擦也会生热。比如在压缩针筒活塞的时候，不能避免的是活塞与筒壁会存在摩擦生热，这一部分热量也会对空气造成影响。如果教师能够抓住这个疑问，设计两种情况，进行对比实验，也会成为本节课实验设计中的亮点，在今后的实验创新中有待进一步完善。

3. 教学中的注意事项

本实验中研究的对象是一定质量的封闭气体的温度变化，虽然对于这个现象更为严格的定量探究在高中才会涉及，但是在教学中教师所用的语言也应该注意科学性和严谨性。另外，本实验说课案例针对的只是两个创新实验本身进行的说课，没有从整节课的教学目标角度去考虑实验教学的作用，这一点还有待完善。实验说课可以理解为以实验教学创新为特色的说课活动，虽然实验教学创新是非常重要的，但是实验是实现教学目标的一种手段，不能脱离课程而存在，所以建议教师应该从整节课教学的角度进行说课，并注意实验对于解决教学重难点的突破作用，详略得当，这样不仅可以让教师更多地从核心素养目标和教学内容的角度考虑实验的教学问题，也更能体现实验说课的教学属性。

创新案例 20　电流和电路

甘肃省平凉市灵台县第三中学　尹建勇

一　使用教材

本实验教学案例选自《义务教育教科书　物理　九年级　全一册》人教版第十五章第 2 节。

二　实验器材

电池、小灯泡、开关、导线、三极管、二极管、小电动机、蜂鸣器、验电器、金属丝、毛皮、橡胶棒、丝绸、玻璃棒、自制正负电荷检测仪、自制电流模拟装置、莱顿瓶、自制电路板、静电棒。

三　实验设计思路

本节课以电流为核心构建各个知识点之间的相互联系，教学设计层层推进，认知图式有机生成，设计体现了"学本"理念，关注教师的主导作用和学生的主体地位，以科学探究为抓手，以学生科学素养的提升为出发点和最终归宿，针对学情和教材重难点创新设计了"电流模拟装置"和"正负电荷检测仪"，帮助学生很好地理解了电流形成的机制和电池的工作原理；用莱顿瓶演示了电源短路现象及其危害；用自制的电路板演示了短接现象，使学生了解短接的特征，对传统教学思想和教学资源进行了创新突破。

四　实验原理

1. 自制正负电荷检测仪原理：物体带正电时检测仪红灯发光，物体带负电时检测仪绿灯发光。该教具主要使用的元件是三极管和电容器，三极管对电流有放大作用，电容器对正负电荷有互锁作用。

2. 用验电器演示负电荷的转移实验原理：电荷能在导体中定向移动。用负电荷的原因是由于负电荷移动的方向和导线中形成电流的自由电子的移动方向是一致的。

3. 电流模拟装置实验原理：圆筒里面装的泡沫小球表面上涂有导电物质，它和莱顿瓶电极接触的时候能够带上同种电荷，从而相互排斥向上运动，这样就把电荷由圆筒的底部转移到了圆筒的顶部，从而在回路中出现了电流。

4. 用莱顿瓶演示电源的短路及其危害实验原理：莱顿瓶正极上面聚集有大量的正电荷，负极上面聚集有大量的负电荷，当用导线把正极和负极连接起来的时候，正负电荷在瞬间中和，产生火花和声音。

5. 用自制电路板演示用电器短接实验原理：当用导线把用电器两端直接接通的时候，由于导线的电阻很小，所以电流不再通过用电器。

6. 活动一实验原理：把电源和用电器顺次连接为一个闭合回路，用电器中就会出现持续的电流。

7. 活动二原理：二极管具有单向导电性。

五 实验教学目标

1. 通过观察、体验、类比认识电流，并能用电流知识分析简单的电路问题；能从能源角度认识电源和用电器的作用；会画简单电路图。

2. 通过观察现象和科学思考理解电流的概念；通过实验操作认识电路的结构。

3. 通过观察趣味演示实验体验电学的形象美；在探究电学知识的过程中，感受科学思维方法的智慧力量。

六 实验教学内容

1. 电流的存在；电流产生的外部条件；电流产生的内在机制；电流的方向。

2. 电路的组成及各个元件的作用。

3. 简单电路图。

七 实验教学过程

以认知心理学为依据，在教学过程设计中特别突出情境创设、自主探究、概括迁移、作业训练和反馈强化五个环节。

1. 引入课题

（1）用自制的正负电荷检测仪检验正负电荷，如图1所示。当检测仪接触毛皮摩擦过的橡胶棒时绿灯发光，接触丝绸摩擦过的玻璃棒时红灯发光，这既是一个趣味实验能够创设学习情境，同时也为后面的教学做了铺垫。

图 1

（2）用验电器演示负电荷在金属线中的定向转移。实验后问学生看到了什么，想到了什么。学生回答看到了原来带电的验电器指针张角变小，而另一个验电器带上了电荷。这是由于原来带电的验电器上的电荷通过金属线传递给了另一个验电器。教师再问学生还有什么问题，学生提出：怎样才能使电荷不断地流动呢？

2. 进行新课

（1）教学任务一：电流

针对学生提出的问题，教师组织学生利用课前准备的器材进行以下的探究活动。

活动一：怎样利用课前提供的器材使小灯泡亮、电动机转、蜂鸣器发声？

（体现了从生活到物理的课程理念）

①根据你的经验如何做？

②如何控制小灯泡、电动机和蜂鸣器使其工作与不工作？

③请学生先后三次连接电路。

④连接时从电源正极开始逐次连到电源负极。

【安全警示】不能把电池的两端用导线直接连在一起。

这里给出了四点提示和一个安全警示，提示 d. 的设计意图是此种连接方式暗示着电流的路径和电流的方向，为后面的学习进行铺垫。

思考：小灯泡、电动机和蜂鸣器要持续工作需要什么条件？

师生共同进行归纳总结：必须有电池，还要用导线将它们与电池连成闭合的回路。

还有学生提出：电流是什么样的，它和水流一样吗？这是一个生活化的问题，教师对这个问题进行提炼，以科学的方式呈现出来，即电流是如何形成的。

教师用自制的电流模拟装置模拟电流的形成。

实验现象：接上莱顿瓶电源，圆筒中带电的泡沫小球由下向上运动，灯泡能够发光，这说明回路中产生了电流。如果圆筒和莱顿瓶分开则圆筒中的泡沫小球不再向上跳动，灯泡也不再发光。教师告诉学生这个电路中的电流就是由向上运动的泡沫小球传导的。

教师让学生根据实验现象猜想一下导体中的电流到底是怎么产生的？

讲解：金属导体中有大量的自由电子，当接上电源时，自由电子受到推动会定向运动，从而形成电流。

接着，引导学生回顾前面在验电器之间转移电荷时负电荷移动的方向；分析不同情况下定向移动的电荷，并指出历史上把正电荷移动的方向规定为电流的方向，以此让学生判断放在验电器上的金属丝中的电流方向，如图 2 所示。

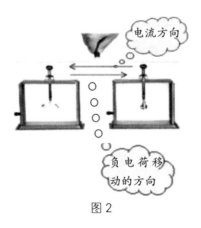

图 2

小结：当电池、导线、小灯泡组成的回路闭合时，在电源外部电流的方向是从电源正极经过用电器流向负极。

活动二：利用发光二极管判断电流方向。

这是对所学知识的应用和强化，学生通过该活动加深了对电流方向的认识，体现了从物理到生活的课程理念。

（2）教学任务二：电路

电流和水流一样，流动有一定的路径，有了前面所学的电流概念，学生很容易理解电路的概念。

首先让学生观察自己连接的电路，思考电路的特点，由哪几部分组成，并说出各部分的作用。从能量的角度理解电源和用电器的作用，符合九年级学生的认知水平和生活经验。

①电源：提供电能。

②用电器：消耗电能。

③导线：输送电能。

④开关：控制电路。

活动三：画电路

①组织学生观察几种常见的元件及其符号，并重点记忆电池、开关、灯泡的符号（见图3）。

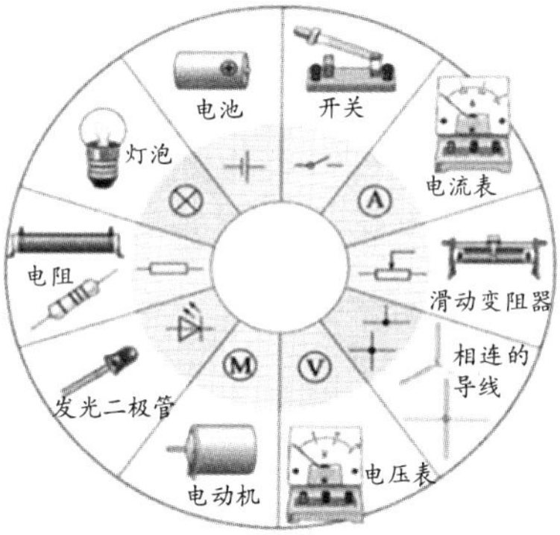

图3

②教师说明电路图的规范画法。

③学生尝试画电路图。

④组织学生相互交流，对照规范分析评判彼此的电路图。

⑤教师进行小结点评。

> 画图要求：
> 1. 要用统一符号表示元件；
> 2. 电路图与实物图要对应，符号要布局合理，不能画在拐角处；
> 3. 最好呈长方形，导线要横平竖直，电路图简洁、整齐。

其中a、b属于机能学习的陈述性阶段，以识记和语义理解为主要任务；c属于尝试练习阶段，学生按照相关要求独立练习，相互交流，教师进行指导点拨；d、e属于反馈强化阶段，教师让学生展示自己的作品，并且引导学生对学习过程进行自我反思，指出存在的错误，展示好的做法。

介绍电路的四种状态：根据学生前面的实验操作和学习提出通路和断路的概念；用莱顿瓶演示短路说明其危害，如图4所示；演示短接总结其特征，如图5所示。

 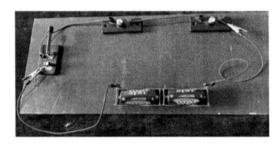

图4   图5

（3）教学任务三：随堂练习

在图6中有电子门铃、电源和开关，请用笔画线表示导线把它们连起来，使门铃能够正常工作并画出相应的电路图。电子门铃可以用"—电子门铃—"这样的符号表示。

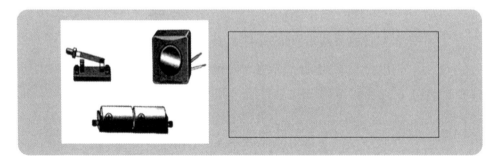

图6

专家点评

本课以教材为蓝本，通过一系列创新实验和教学活动，有效地将电流和电路的抽象概念转化为学生的直观体验，让学生在具体的情境中学习电流和电路的物理知识。

1. 实验创新点及优点

本案例共有两个创新实验，第一个实验中，该教师巧妙地利用三极管和电容器制作了正负电荷检测仪，这一创新实验不仅展示了电荷的互锁作用，而且通过直观的灯光变化，让学生对电荷的性质有了更深刻的理解。这种实验设计不仅提高了学生的实践操作能力，而且培养了他们的科学探究精神，同时为后面的教学做了铺垫。第二个实验通过电流模拟装置，将电流的形成过程可视化，通过莱顿瓶和圆筒中的泡沫小球，让学生能够直观地看到电流是如何在电路中流动的。这种实验设计不仅突破了传统教学的局限，而且通过动态演示，增强了学生对电流方向和电路工作机制的理解。

从整体来看，本课围绕电流和电路的核心概念，通过层层递进的实验活动，引导学生从观察现象到理解原理，再到应用知识。同时，对于短路现象的演示，让学生在实践中学习，提高了教学的实效性。此外，该教师在教学过程中注重学生的主体地位，鼓励学生自主提出问题并寻找解决方案。这种以问题为导向的教学方法，培养了学生在探究过程中自主发现问题、解决问题的能力，体现了"用中学"的理念。

2. 实验的不足和改进

本实验教学案例中教师所用的检验物体带正电还是带负电的实验装置没有向学生说明原理，只是让他们用这个实验装置进行检验，学生可能会比较困惑，建议教师用一个更加贴近中学生理解水平的装置来进行检验。

在利用莱顿瓶模拟短路造成的危害实验中，教师演示的效果是正、负极板间形成的火花放电现象，用其与短路现象进行类比是否恰当值得商榷，因为学生在生活中也会偶尔遇到静电现象，但是不会造成什么严重的后果,与之不同的是,如果在家庭电路中造成了短路,没有防护措施的话,后果是很严重的,所以可以换用其他的类比实验或者进行说明,让学生意识到短路的危害,培养学生的规范操作意识。

3.教学中的注意事项

教师用带电的泡沫塑料小球模拟电路中电荷的运动形成电流的过程是否恰当值得推敲,泡沫塑料小球的运动具有一次完成的特点,而电路中电荷的运动是在闭合回路中周而复始的进行,建议教师进行特别的说明,以免学生构建起错误的认知。

创新案例 21　变阻器设计师

河北省保定市高阳县宏润中学　史艳石

一　使用教材

本实验教学案例选自《义务教育教科书　物理　九年级　全一册》人教版第十六章第 4 节 "变阻器"。

二　实验器材

演示实验器材：水位测试仪（一物多用）、热成像仪、电流电压传感器。

学生实验器材：镍铬合金丝 0.3 mm（无绝缘漆）、镍铬合金丝 0.5 mm（绝缘漆）、PUC管、砂纸、滑动变阻器、导电漆笔、铅笔、A4纸、LED灯、小电动机、碳胶、烧杯、电水壶、盐水、水等。

三　实验创新要点

由师本课堂改进为生本课堂。滑动变阻器是初中物理电学实验器材的重要组成部分，它的构造、使用方法较其他电学元件难度太大，如果只是机械地讲授，学生不易理解。本课采用热成像手段，使学生直观地观察有效电阻部分；同时带领学生代身为变阻器设计师，体验滑动变阻器的制作和改进过程，达到"做中学""乐中学"的目的。

四 实验设计思路

以制作滑动变阻器为主线，经历"我设计→我使用→我创新→我应用"几个环节。

五 实验教学目标

物理观念：引导学生理解滑动变阻器的原理、构造、使用方法。

科学思维：培养学生质疑精神，能从不同角度思考问题，追求科技创新；培养学生通过科学推理，发现问题并提出改进建议的能力。

实验探究：通过对滑动变阻器的制作和改进过程，培养学生交流反思、优化实验方案并对实验现象进行解释的能力；培养主动与他人合作的团队意识。

科学的态度与责任：通过"做中学"培养持之以恒的探究精神和严谨认真的科学态度。

六 实验教学内容

1. 滑动变阻器的构造：体验设计师对滑动变阻器的制作和改进过程，理解滑动变阻器的构造，突出重点。

2. 滑动变阻器的连接：通过热成像仪直观演示有效电阻部分，突破难点。

3. 利用滑动变阻器调节电路：利用数字传感器采集数据，分析电路中电流、电压的变化特点，拓展延伸。

4.滑动变阻器的创新改进：通过液体变阻器、纸片变阻器、面团变阻器等，帮助学生从不同角度思考问题，培养其创新精神。

5.滑动变阻器的应用：水位测试仪、风力测试仪、电压力秤、油量表等滑动变阻器的应用，体会物理服务于生活。

七　实验教学过程

1.情境引入

请学生演示向水位测试仪水箱中注水，并观察"为什么向水箱中倒水时，水位计、小灯泡会有感应"，学生看到小灯泡亮度有明显变化时，就很容易联想到这个电路中电阻有变化，从而揭示课题：变阻器（见图1）。

图1　利用自制水位测试仪引入新课

意图：通过自制教具很容易激发学生的学习兴趣，此时，抓住学生的兴趣点，通过布置任务——设计滑动变阻器，顺利进入下一环节。

2.探索发现

（1）我设计

学生在任务驱动的引领下先选材，然后发现一根长长的电阻丝不方便使用，于是将其缠绕在绝缘筒上，再将缠绕后的电阻丝连接到电路中。之后又出现了灯泡亮度断断续续的情况，于是尝试将其密缠。事实上，电阻丝已经被短路，根本没有变阻作用，应如何改进？……这样，通过问题串的形式，学生不断地设计，经历长变短、断变续、通电与绝缘的改进过程（见图2）。

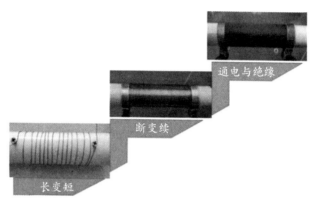

图2 学生设计滑动变阻器

创造真实的场景，给学生更多发现问题并设法解决问题的机会。创造认知冲突，印象会更为深刻。层层递进，环环相扣。此时，学生对滑动变阻器的结构了然于胸，之后便会很顺利地进入下一个环节——滑动变阻器的连接及使用。

（2）我使用

在上一个环节的基础之上，先请学生代表以设计者的身份向大家介绍滑动变阻器的使用说明。其他学生评价补充后达成一致意见。教师使用涂有感温材料的变阻器，按照学生的说法连入电路来验证想法是否正确。学生可以清晰直观地感受到有效电阻是哪段。但是这种温变材料颜色变化较慢，且受环境温度影响。有学生提到，医院使用的热成像仪，能够使温度看得见，于是我们尝试对原有器材进行改进，利用自制的发热导线连入电路，效果很好（见图3）。至此，学生对滑动变阻器本身的结构以及连接方法都有了较深刻的印象。紧接着，趁热打铁，让学生们按要求把滑动变阻器连入电路，并通过调节滑动变阻器观察电流表的示数变化和小灯泡的亮度变化，学生们再次体会到成功的喜悦。

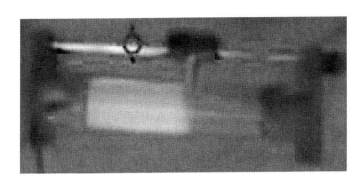

图3 热成像仪效果演示

（3）我发现

滑动变阻器对电路中的电流会产生影响，那么对电压是否有影响呢？这个实验操作步骤多，记录数据多，学生们往往会顾此失彼，为了采集到连续直观的实验数据，我们采用了电流电压传感器进行实验（见图4），分别收集了滑动变阻器两端的电压、定值电阻两端的电压和电源电压。分析图像可以得到，在滑动变阻器阻值变小的过程中电流变大。但是，各部分电压变化情况不尽相同，滑动变阻器的电压会随着电阻的变小而变小，定值电阻的电压会随着电阻的变小而变大。这到底是什么原因呢？这为下节课我们将要探究的欧姆定律埋下了伏笔。

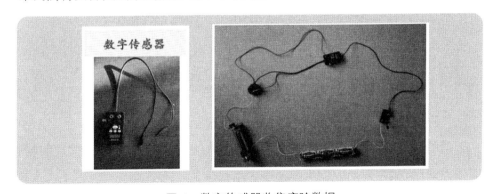

图4 数字传感器收集实验数据

（4）我创新

课堂时间有限，但是学生们的探究热情无限，因此布置了尝试设计创新滑动变阻器这一任务。后续我们对学生的创新设计进行实验交流。以下为交流的一些成果。

①带标尺变阻器（见图5）。后来我们将带有标尺的滑动变阻器应用于探究电流与电阻关系的实验中，减少了频繁更换电阻带来的麻烦，大大提高了实验效率。

图5　带标尺变阻器

②纸片变阻器（见图6）。通过查阅资料发现石墨的电阻率很大，于是制成铅笔芯滑动变阻器。后续经过改进制成轻薄的纸片变阻器。

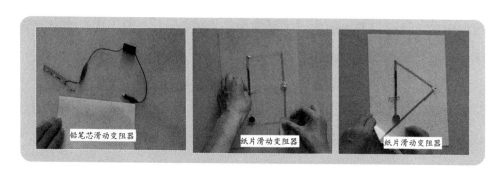

图6　纸片变阻器

③面团变阻器（见图7）。利用食盐溶液的导电性，把食盐揉进面粉，制作成面团变阻器。

图 7 面团变阻器

④液体变阻器（见图 8）。

图 8 液体变阻器

3. 学以致用

学生提出液体变阻器中的电流表是否可以改装成浓度表、温度表、长度表……我在肯定学生想法的同时，认为揭示课堂之初水位测试仪的秘密时机已经成熟。水位测试仪是怎样工作的？原来水位计就是一块电流表，并且这块电流表还可以改装成其他的生活元件，比如油量表、风力测试仪、电压力秤等。学生们恍然大悟，物理来源于生活又服务于生活，通过这一环节，学生体验到学以致用的喜悦。

八 实验效果评价

学生本位导向的自助实验策略，能够实现在自助搭建的真实情境中独立思考，促进自主学习，培养对真实情境中已有方案质疑、并产生创造性见解的物理品质，对于提升科学素养有推动作用。

专家点评

本案例以学生为主体，通过"我设计→我使用→我创新→我应用"的实践教学模式，旨在深化学生对滑动变阻器原理、构造和使用方法的理解，同时培养学生的科学思维和实验探究能力。

1. 实验创新点及优点

本教学案例的创新之处在于将传统的师本课堂转变为生本课堂，共包含四个创新实验。通过让学生自己设计和制作滑动变阻器，引导学生在自己操作中理解滑动变阻器的工作原理。这种教学方法不仅锻炼了学生的动手能力，而且通过不断的问题解决过程，培养了学生的创新思维和问题解决能力。例如，学生在设计过程中遇到了电阻丝缠绕、短路等问题，通过不断地尝试和改进，最终成功制作出有效的滑动变阻器。这种过程性的学习体验，有助于学生对物理知识的深刻理解。通过热成像技术直观展示滑动变阻器的有效电阻部分，方便学生理解滑动变阻器的使用特点和连接方法。最后教师鼓励学生在课后进行创新设计，并引导学生应用滑动变阻器，测量生活中遇到的其他物理量，制作了水位测试仪、风力测试仪等应用器件。这种教学方法不仅提高了学生的学习兴趣，而且通过实践操作，让学生在"做中学"，有效地将理论知识与实际操作相结合。

该教师鼓励学生在实验过程中自主提出问题，通过"如何改进滑动变阻器以提高其性能？"这样的问题以引导学生主动思考，从而培养他们的批判性思维和问题解决能力。这种自主探究的过程，让学生在发现问题和解决问题的过程中，自然而然地关注到滑动变阻器的关键参数，如电阻的变化，从而更好地理解其在电路中的作用。另外，教师利用数字传感器进一步探究变阻器对电路中电流和电压的调节作用，让学生能够从定性观测过渡到定量观测，从对调节过程的关注过渡到对调节效果的关注，结合图像的方式展示调节的效果，培养了学生的科学思维，也为后续的学习做了铺垫。

2. 实验的不足和改进

在设计滑动变阻器的环节中，教师提到的"长变短"表述不够科学规范，因为这里面的"长"有两种理解，一种是变阻器的实际长度，还有一种理解是电阻丝的长度，在这个实验中电阻丝的实际长度是没有变化的，建议教师可以补充说明一下，避免学生误解为电阻丝的长度由"长变短"了。

3. 教学中的注意事项

本节课给了学生丰富的课外实践体验，在设计变阻器的环节，学生充分发挥想象力，设计了各种类型的变阻器，在应用变阻器的环节，教师又带领学生感受了水位测试仪、风力测试仪、电压力秤、油量表等应用实例，建议教师可以在此基础上，给学生一个传感器的概念，通过电阻的变化，实际上实现了非电学量测量，把其他物理信号转化成了电信号进行测量，这可以给学生一个观念上的提升，让学生理解变阻器在生活中更为广泛的应用价值。

创新案例 22　焦耳定律

新疆维吾尔自治区博尔塔拉蒙古自治州温泉县初级中学　王春玲

 实验教学目标

1. 教材分析

本实验出现在《义务教育教科书　物理　九年级　全一册》人教版第十八章第 4 节"焦耳定律"中。通过本实验的探究可以得出电流通过导体产生的热量与导体的电阻以及电流的大小的定性关系，从而帮助学生记忆和理解焦耳定律。因此本实验在本节课中有着至关重要的作用。

2. 学情分析

电流通过导体产生热量的现象，在生活中并不陌生，由此学生容易产生兴趣。教学中要充分发挥学生实验的作用，关注他们好奇、好动、好强的心理特点，调动他们学习的积极性和主动性，进而在学习了欧姆定律的基础上总结归纳得出焦耳定律。

3. 实验设计思路及创新点

（1）进一步熟悉用控制变量的思想来完成实验设计，培养学生的动手能力和独立思考解决问题的能力。

（2）混联三个电阻蜡盒，控制变量的同时进行对比，简化实验步骤，省时高效，从而让学生有充足时间分析论证得出结论。

4. 教学重点与难点

重点：设计电流通过导体产生的热量与导体的电阻以及电流大小关系

的电路图。

难点：组织指导学生在探究过程中认真观察、分析，并得出正确结论。

 实验方案设计

1. 实验创新器材介绍：用体积相等的两个 5Ω、一个 10Ω 的定值电阻固定在三个大小一样的瓶盖内，将蜡液装满瓶盖，做成电阻蜡盒。

（1）卸掉底座上的电阻和接线柱，用加热后的梅花起子在底座上重新烫出两个合适的孔，便于安装接线柱，如图 1 所示。

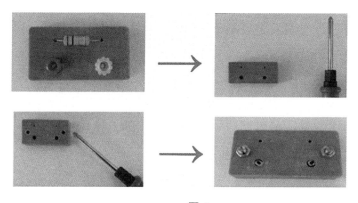

图 1

（2）将蜡块熔化倒入装有电阻的瓶盖内，并用热熔胶封孔，如图 2 所示。

图 2

（3）将制作好的电阻蜡盒固定到底座上，如图 3 所示。

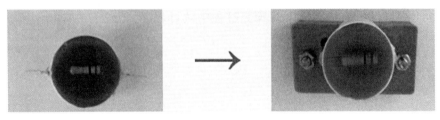

图 3

（4）使电阻两侧金属丝紧密接触接线柱下方的金属片，实验装置即已做成（见图 4）。

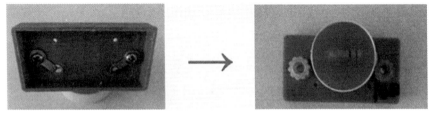

图 4

（5）用同样的方法可以制作另外两个电阻蜡盒（10Ω、5Ω 的电阻蜡盒）（见图 5）。

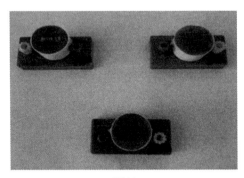

图 5

2. 实验原理：电阻蜡盒通电后，在相同时间内，盒内蜡熔化的量越多，则电阻产生的热量越多。教材中是加热空气，通过观察 U 形管中液面高度差来判断产生热量的多少。

3. 实验操作：将 R_1=5Ω 与 R_2=10Ω 电阻蜡盒串联，再与另一个 R_3=5Ω

电阻蜡盒并联接入电路。

三 实验操作要领

1. 将 5Ω 与 10Ω 电阻蜡盒串联，再与另一个 5Ω 电阻蜡盒并联接入电路，根据并联电路 $Q=U^2t/R$ 可知，5Ω 电阻蜡盒产生的热量多，现象比较明显。

2. 实验过程中，注意观察盒内蜡熔化的量。

3. 加热时间不要超过 8 分钟，否则单独在一个支路上的 5Ω 电阻蜡盒里的蜡会彻底熔化完，溢出瓶盖。

4. 实验时，注意安全，小心被蜡液烫伤。

四 实验过程和方法设计

1. 实验过程设计

创设情境，通过事例引发学生猜想：电流通过导体产生的热量可能跟哪些因素有关？同时引导学生采用控制变量法分别设计电热与导体的电阻以及电流大小关系的电路图，并让学生画在黑板上。进而由浅入深，继续追问：如何设计同时研究电热与电阻、电流关系的电路图。给足学生时间，让学生分组讨论交流，并分享设计的电路图及理由。之后展示装置图片，启发学生采用转换法，无论气体、液体和固体都可以间接反映电热的多少。指导学生进行实验，投屏分享实验现象，分析论证，得出结论。最后，首尾呼应，指导学生运用所学知识解答课前问题，使学生体会学有所获的成功感。

2. 实验方法设计

运用教师指导下的学生自主实验探究的方法进行教学。通过创设情境，引出课题——猜想假设，设计方案——分析论证，得出结论——教师点拨，解疑释惑等一系列探究过程，让学生在亲自动手的实验操作过程中，自主学习，团结合作，交流分享，最终得出焦耳定律，从而培养学生科学探究的方法以及观察、实验能力和分析归纳总结能力。具体教法包括：提问法、多媒体投屏法、分组讨论法、实验探究法等。

五 实验教学过程

1. 新课引入

例举生活实例，激发学生兴趣。

设计意图：通过生活实例引入本章课题，激发学生的兴趣。体现"从生活走向物理，从物理走向社会"的特点，从而引出电流的热效应。

2. 发现问题，探求新知

（1）创设情境，引发思考：为什么电炉丝热得发红，而导线却几乎不发热？

设计意图：通过实例引发学生思考电流通过导体产生的热量可能跟哪些因素有关，为后面实验焦耳实验的探究做铺垫。

（2）大胆猜想，分享依据

猜想：电流产生的热量与哪些因素有关？

①可能与电流有关；

②可能与电阻有关；

③可能与通电时间有关。

3. 设计实验，交流分享

讨论交流：

（1）当一个物理量被猜测与多个因素有关时，应该用什么方法去研究？

（2）用什么方法和器材去观察那些不可见的物理量？

（3）设计实验：引导学生分别设计电流通过导体产生的热量与导体的电阻以及电流大小的电路图。

①研究电热与电阻关系，学生设计电路并在黑板上分享，如图6所示。

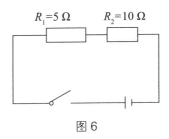

图6

②同时研究电热与电阻、电流关系的电路图。学生分组讨论交流，并分享设计的电路图及设计理由，如图7所示。

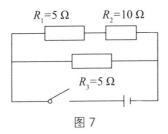

图7

设计意图：提炼设计方案，采用三个电阻蜡盒同时加热，控制变量的同时进行对比，简化了实验步骤，节约了时间，从而让学生有充足的时间分析论证得出结论。

该实验原理：通过蜡熔化的量，判断电流产生热量的多少。

4.进行实验，投屏分享，分析论证

探究步骤：

（1）根据电路图连接电路，将一个10Ω、一个5Ω的电阻蜡盒串联后再与另一个5Ω的电阻蜡盒并联。

（2）检查无误后，闭合开关。通电相同的时间，观察两个10Ω蜡盒里蜡的熔化量，分析总结得出结论；再观察同一个支路上的10Ω、5Ω电阻蜡盒里的蜡熔化量，分析总结得出结论。

（3）实验结束后，将实验现象投屏出来，并重点就结论、电路图、实验步骤进行交流，生生、师生互问互辩。

5.归纳总结，得出结论

（1）在电流和通电时间相同的情况下，电阻越大，产生的热量越多。

（2）在通电时间一定、电阻相同的情况下，通过电流越大，导体产生的热量越多。

（3）在通电电流一定、电阻相同的情况下，通电时间越长，导体产生的热量越多。

即：电流通过导体产生的热量与电阻、电流、通电时间有关。

六 实验效果评价

1.创新亮点：

（1）电阻蜡盒实验现象明显，提高了实验的时效性、能见度和成功率。

（2）此实验装置可以同时研究电热与电流、电阻的关系，具有可比性，并且不用拆接电路，简单快捷，省时高效。学校配置的原器材只能单一的研究电热与其中的一个因素的关系，在研究电热与另一个因素的关系时，还需花费时间改变连接方式。

2.存在的不足：

蜡熔化后，体积变大，变成液体溢出，再次实验时还需继续添加蜡。

3.再改进方法：

在蜡盒相同地方做一个标记，蜡装到同一标记处，不装满，避免蜡液溢出，实现器材的直接重复利用。

专家点评

　　本教学案例巧妙地将实验教学与学生的实际生活经验相结合，通过自制的电阻蜡盒，让学生直观地观察到电流通过导体产生热量的现象。这种创新实验设计不仅降低了实验的难度，而且提高了实验的可操作性和观察性，使原本复杂的物理概念变得生动易懂。该教师在实验中运用了控制变量法，引导学生探究电流、电阻和通电时间对热量产生的影响，这种教学策略能够有效培养学生的科学探究能力和问题解决能力。通过这一系列的实验活动，学生不仅能够理解焦耳定律，而且能够在实践中学会如何运用这一定律解决实际问题。

　　1. 实验创新点及优点

　　本教学案例中，共有两个创新实验。实验一的创新亮点体现在自制电阻蜡盒。在传统的焦耳定律教学中，通常使用加热空气的方法来观察电流产生的热量，这种方法虽然直观，但实验操作比较复杂，不容易推广为分组实验。通过将电阻固定在瓶盖内并装满蜡液，该教师巧妙地将电流产生的热量转化为蜡液的熔化量，这一创新不仅降低了实验的难度，对于电阻产生的热量还能更加方便地进行定性观察，学生可以自主进行探究操作，从而更好地体验科学探究过程，培养动手能力，提高科学探究意识。

　　实验二的创新亮点在于运用控制变量法。首先，将 5Ω 与 10Ω 电阻蜡盒串联，再与另一个 5Ω 蜡盒并联接入电路。由于串联电路中电流相等，利用在同一个支路上的 5Ω 和 10Ω 两个电阻蜡盒就可以探究当电流和通电时间一定时，电阻产生的热量与电阻阻值之间的关系；由于并联电路的电压相同，两条支路的电阻不同，电流也就不同，两条支路上的 5Ω 电阻相比，单独接入的电路电流更大，于是比较两个支路上的

5Ω 电阻蜡盒就能同时比较当电阻和通电时间一定时，电阻产生的热量与电流大小的关系。这样一次实验可以完成两个探究实验，节省上课时间的同时还高效地完成了探究任务。

2. 实验的不足和改进

在本实验教学中，存在如下几处可以优化的地方。首先电阻在蜡盒中的位置会影响到电阻与石蜡之间的接触面积，进而影响到热传递的效果，建议在进行实验装置制作时，要保证电阻全部浸入蜡液，并保持位置的相对统一，以保证热传递的效果基本相同。此外蜡液熔化后体积变大可能导致溢出瓶盖的问题，不仅影响了实验的重复使用，还可能给学生带来操作上的不便。为了解决这一问题，可以在每一个蜡盒上的相同位置处做一个标记，让每个蜡盒的蜡液装到同一标记处，不要装得太满，避免蜡液溢出，从而提高实验器材的重复利用率。

3. 教学中的注意事项

在本课的教学过程中，教师引导学生自主设计实验探究了在纯电阻电路中产生的热量与电流、电阻、通电时间三个影响因素的关系，但是焦耳定律不只适用于纯电阻电路中，对于电动机一类的非纯电阻电路也是适用的，这也正是焦耳定律的重要之处，但是对于非纯电阻电路中生热的问题一直缺少创新实验进行探究，这也是未来可以努力实现创新的一个方向。本教学案例的实验非常简单便捷，但是只能进行定性的观测，难以进行半定量或者定量的测量，教师可以辅以其他方式的实验教学视频或者演示实验，弥补这一不足，让学生进一步了解到电阻产生的热量与电流的关系和与电阻的关系的区别，进而得到更为准确的实验结论，也培养学生在实验中精益求精的态度和科学探索永不止步的勇气。

创新案例 23　家庭电路与安全用电

陕西省汉中市第八中学　康凯

一　使用教材

本节实验教学案例选自《义务教育教科书　物理　九年级　下册》苏教版第十五章第四节"家庭电路与安全用电"。

二　实验器材

12 V 直流电源、12 V 直流数字显示多功能电表、12 V 灯泡及 LED 灯、12 V 验电笔、单相闸刀开关、1P+N 漏电保护器、可视化陶瓷保险丝盒、明装两孔插座和三孔插座、自制可漏电的电烤箱、自制闪光蜂鸣报警人偶、快速接线端子对接头。

三　实验创新要点

1. 用 12 V 直流安全电压电源替代 220 V 交流电压，便于安全操作实验。

2. 改装陶瓷保险丝盒，让熔丝熔断可视化，便于观察。

3. 利用快速接线端子对接头，实现陶瓷保险盒与 1P+N 漏电保护器进行灵活替换，便于显示保险丝的作用、漏电保护的断路现象，今后还可以在熔断处接校验灯拓展电路故障的检测。

4. 用茶叶桶金属板来替代大地，隐藏连线，形成回路。

5. 利用人偶替代人体，让学生探究验电笔的使用，观察触电、漏电现象。

6. 在安全电压下演示因电流过大，空气开关跳闸。

7. 串联两个开关演示并说明螺纹灯泡与开关的正确安装方法，培养科学思维。

8. 演示未接地线的漏电现象及漏电保护器的保护作用。

9. 安全演示可视化的两种低压触电类型。

10. 直观地展示安全连接插座和家庭电路是并联的。

11. 12 V 直流数字显示多功能电表可以显示电路电压、电流、电功率及消耗的电能。

四 实验设计思路

1. 用真实的模型来构建家庭电路和演示安全用电。

2. 利用生活中的物品、玩具等来设计家庭电路，如：可反复充电的 12 V 的电动车蓄电池、12 V 验电笔，闪光蜂鸣器，自制模拟电烤箱，可显示电压、电流、电功率、电能的多功能电表。

3. 模拟真实情境的探究，利用自制的器材在保证安全的前提下探究家庭电路，注重学生学习体验，加深学生学习印象，把物理知识应用于生活和社会，增强学生的安全意识，倡导健康生活。

五 实验教学目标

根据《义务教育物理课程标准（2022 年版）》的要求、建议，结合义务教育阶段初中物理学业标准中的科学内容标准制定对应的实验教学物理核心素养目标，如表 1 所示。

表 1

国家核心素养一级指标	国家核心素养二级指标	国家核心素养三级指标	学科核心素养指标	课程对应核心素养目标
文化基础	科学精神	理性思维	物理观念	1. 通过观察和讨论家庭电路的连接，知道家庭电路的组成部分及作用。 2. 通过观察、体验熔丝熔断和空气开关跳闸，会分析其形成原因，并形成正确的电路连接方法。 3. 学习用验电笔判断火线和零线的方法，培养操作技能。 4. 了解安全用电常识，提高安全用电意识。 5. 了解常见的触电事故和正确的处理方法。
			科学思维	在探索物理现象内在联系过程中，判断简单的家庭电路连接、故障等，培养分析问题的能力和理论联系实际的能力。
		勇于探究	科学探究	通过实验，结合模拟家庭电路，养成观察、动手以及表达和交流能力。
社会参与	责任担当	社会责任	科学态度与责任	通过实物来认识家庭电路，树立对待实验实事求是的科学态度和严谨的科学作风。通过动手实验来体会安全用电，养成乐于思考与实践的习惯，进一步增强安全意识，践行健康生活。

教学重难点

1. 重点：家庭电路的组成，安全用电常识，安装模拟家庭电路。

2. 难点：安装基本的家庭电路元件，达成技能的提升和安全意识的增强这一目标，学会学以致用，克服对电的畏惧。

六 实验教学内容

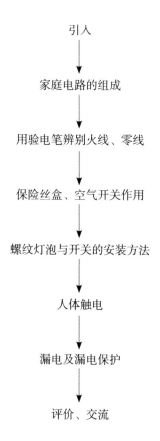

引入

↓

家庭电路的组成

↓

用验电笔辨别火线、零线

↓

保险丝盒、空气开关作用

↓

螺纹灯泡与开关的安装方法

↓

人体触电

↓

漏电及漏电保护

↓

评价、交流

七 实验教学过程

1. 问题引入

"在简单的直流电路中，开关与用电器串联可实现对整个电路的控制，在家庭电路中开关也起到了同样的作用，那么开关的位置会影响家庭中的安全用电吗？"学生自学家庭电路的进户线由火线和零线组成，电压为220 V，再通过阅读及小组拆装验电笔，了解其构造和验电原理。

2. 实验创新教学流程

教学流程一：用 12 V 的蓄电池替代 220 V 交流电，整个实验装置可清晰地显示家庭电路的基本结构，多功能电表可显示工作电压、电流、电功率和消耗的电能，采用快速接线端子对接头，实现保险丝盒和空气开关的相互替换，还可清晰地看到各用电器、插座均为并联，如图 1 所示。

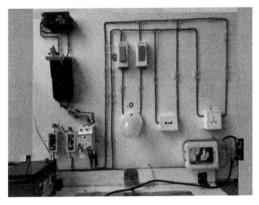

图 1

教学流程二：使用人偶模拟人体使用验电笔辨别火线、零线，如图 2 所示。

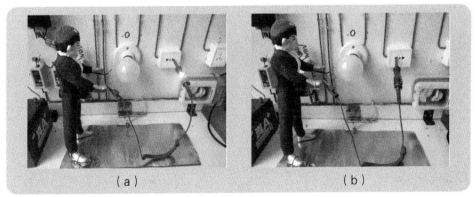

（a） （b）

图 2

3. 保险丝盒和空气开关的作用

通过短路，使陶瓷保险丝盒中保险丝熔断。为使实验效果更明显，将零线的保险丝用锡箔纸替代，当电流过大时，该锡箔纸会因燃烧而断开。接下来用空气开关替换陶瓷保险丝盒，学生可以看到由于发生短路，空气开关跳闸，深刻地理解保险丝盒和空气开关的作用，如图 3 所示。

用锡箔纸代替保险丝

图 3

4. 螺纹灯泡与开关的安装

（1）将灯串联在两个开关之间，一端接火线，另一端接零线，如图 4 所示。

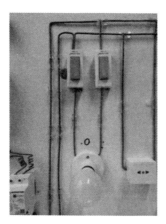

图 4

（2）同时闭合两个开关，灯泡发光。断开接零线的开关，保持接火线开关处于闭合状态，观察到灯不发光。

（3）让人偶用验电笔接触螺旋灯泡的灯座接口处，验电笔发光。

（4）断开接零线的开关，保持接火线开关处于闭合状态，观察到灯不发光。

（5）让人偶用验电笔再次接触螺旋灯泡的灯座接口处，验电笔不发光。

综上实验分析可知：为确保安全用电，控制螺纹灯泡的开关应安装在火线上。

5. 使用人偶模拟人类单线触电、双线触电

（1）人偶站在铺有铁皮模拟的大地上，接触火线，观察到人偶发光，蜂鸣器报警。由此可知：单线触电是人体接触火线，与大地形成闭合回路。

（2）人偶离开地面，只接触火线，人偶不发光，蜂鸣器不响。但两手分别接触火线和零线，观察到人偶再次发光，蜂鸣器报警。由此可知：双线触电是人体接触火线，再与零线形成闭合回路，如图 5 所示。

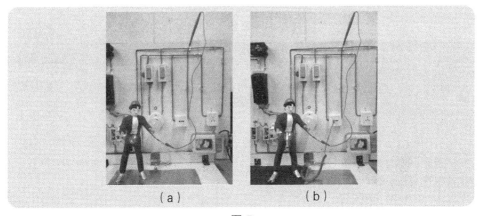

（a）　　　　　　（b）

图 5

6. 探究用电器工作时漏电及其保护措施

探究漏电保护器作用：人偶接触电烤箱金属外壳时，观察到人偶发光，蜂鸣器报警，说明该电烤箱漏电，如图 6 所示。用电器漏电时，带有漏电保护功能的空气开关跳闸，通过断路起到保护作用。

图 6

⑧ 实验效果评价

1. 教学指导评价（表 2）

表 2

评价类型	科学内容标准	国家核心素养	学科核心素养	学科内容领域				学科能力领域		
				科学探究	物质	运动和相互作用	能量	了解	理解	应用
教学指导与表现性评价 1	3.4.7 了解家庭电路的组成。有安全用电和节约用电的意识。	理性思维	科学思维	✓			✓	✓		
教学指导与表现性评价 2	3.4.7 了解家庭电路的组成。有安全用电和节约用电的意识。	理性思维	物理观念				✓			✓

评价类型	科学内容标准	国家核心素养	学科核心素养	学科内容领域				学科能力领域		
				科学探究	物质	运动和相互作用	能量	了解	理解	应用
教学指导与表现性评价3	3.4.7 了解家庭电路的组成。有安全用电和节约用电的意识。	社会责任	科学态度与责任	✓			✓			✓

2.实验教学效果达成的评价

（1）教学过程中的评价

①通过使用人偶模拟人类使用验电笔辨别火线、零线，了解学生对于家庭电路的认识程度。

②螺纹灯泡与开关的安装实验中，通过学生对于实验现象的分析与解释，了解学生科学思维水平是否提升。

③模拟人体单线触电、双线触电，了解学生对家庭电路知识的掌握情况。

④在探究用电器工作时漏电及其保护措施实验中，通过学生能否正确认识人体触电原因，了解学生是否达到安全用电的要求。

（2）以作业形式检测学生对知识、方法的掌握情况

例题1：下列做法符合安全用电的是（　　　）

A.家庭电路使用绝缘皮破损的电线

B.用湿抹布擦拭正在工作的用电器

C.发现有人触电时，应立即切断电源

D.家庭电路中，各用电器是串联工作的

例题2：图7为家庭部分电路示意图。下列说法符合安全用电原则的

是（　　）

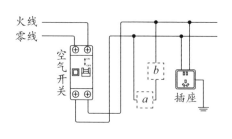

图 7

A. 家庭电路中各用电器之间是串联的

B. 空气开关"跳闸"一定是电路的总功率过大

C. 电路 *a* 处应该安装开关，*b* 处应该安装电灯

D. 应使用三线插座将用电器的金属外壳接地

（3）课后实践作业：设计模拟家庭电路（见图8）并对家庭电路模型提出改进

图 8

3. 教师课堂教学效果评价

（1）从学情出发，有的放矢

家庭电路实验教学从学生的实际出发，切实关注学生思维进程，准确分析学情，了解学生的认知水平，制订详尽、有针对性的实验教学策略。

（2）注重核心素养的落实

通过安全电压的模拟实验启发并鼓励学生去探究让人惧怕的电，形成物理观念。及时关注学生思维能力，发展学生科学思维能力。基于情境下的问题导向，驱动学生勇于探索。最后掌握所学知识设计的原理，并能应用到生活中。

（3）注重知识的形成过程

本实验教学避免了让学生通过文字和图片来认识家庭电路相对单一的学习方式，通过设置一系列符合学生认知、可以亲身经历的实验操作，引导学生充分体验知识的形成过程，从而体现物理学科的本质。

（4）实验教学系列反思

在今后的课堂教学中，充分利用该器材，增加家庭电路故障的实验操作，如：使用校验灯检查电路故障；演示和分析零线断路故障现象；总功率过大造成熔丝熔断或空开跳闸。鼓励学生结合学习知识，通过家庭电路图，再设计出更加直观的学生实验器材。

以上是本节实验说课主要的创新思路。除此之外，本节课的学习克服了学生对电的畏惧心理，提升了用电安全意识，真正体现了学生在"做中学""学中做"的教学理念，有助于学生物理观念的形成和科学思维的发展，将物理与社会生活相结合，实现了跨学科教学。

专家点评

本教学案例展现了对初中物理教学的深刻理解和创新精神。该教师设计的创新实验活动，能够有效地引导学生了解家庭电路的组成、安全用电常识以及触电事故的处理。教学案例在实验设计、教学目标设定以及教学手段的创新上结合真实情境，让学生更形象地了解到家庭电路的知识和如何安全用电。

1. 实验创新点及优点

本案例包含三个创新实验，创新实验一的亮点体现在使用 12 V 直流安全电压电源替代 220 V 交流电压，这一创新确保了学生在进行家庭电路实验时的安全。创新实验二通过改装陶瓷保险丝盒，实现了熔丝熔断过程的可视化，让学生能够直观地观察到电流过大时保险丝的作用。创新实验三利用快速接线端子对接头，实现了陶瓷保险盒与 1P+N 漏电保护器的灵活替换，这一设计不仅方便了实验操作，而且让学生能够清晰地看到保险丝和漏电保护器在电路中的作用。这些创新实验的设计，不仅提高了学生的实验操作技能，还培养了他们的科学思维和探究精神，让学生在实践中学习，更好地理解家庭电路的工作原理。

课程设计从学生对家庭电路的初步认识到深入理解，从简单的电路连接到复杂的故障分析，逐步引导学生深入探究。这种教学策略符合学生的认知规律，有效地培养了学生的科学思维。特别是通过实际操作，学生能够将理论知识与实际问题相结合，提高了他们解决实际问题的能力。

此外，课程中的实验设计注重安全用电的教育，通过实际操作让学生了解验电笔的使用、空气开关和漏电保护器的作用，以及三线插头与安全用电的关系。这些实验不仅提高了学生的安全意识，还通过实际操作，让学生在实践中学习，增强了他们对物理知识的理解。

2. 实验的不足和改进

本教学案例在实验设计上还可以继续优化。例如，实验中使用的 12 V 直流电源虽然确保了安全性，但在模拟家庭电路的实际工作情况时，可能无法完全复制 220 V 交流电的特性。为了提高实验的真实性，可以考虑引入可调节电压的交流电源，让学生能够更准确地模拟家庭电路的工作状态。

此外，实验中对于电路故障的模拟，如短路和漏电，虽然通过人偶和蜂鸣器进行了直观展示，但在实际操作中，学生可能对故障的诊断和处理过程理解不够深入。未来可以考虑增加故障诊断的实验环节，如让学生通过实际操作学习使用校验灯等工具来检查电路故障，从而提高他们解决实际问题的能力。

在教学过程中，特别是在使用安全电压电源和改装的保险丝盒时，应提前进行技术培训，让学生可以比较熟练地操作。同时，教师应鼓励学生在实验后进行深入的反思，提出自己的见解和疑问，以培养学生的批判性思维。

通过这些改进措施，可以进一步提升实验教学的效果，帮助学生更深入地理解家庭电路的工作原理，同时培养他们的科学探究能力和安全用电意识。

3. 教学中的注意事项

在实验操作方面，教师应清晰演示如何安全地连接电路、使用验电笔、安装灯泡和开关等，注意对学生进行操作的规范性训练，以提高学生安全用电的素养。

第三部分

结语

围绕核心素养的创新物理实验教学反思

随着 2022 年版义务教育课程标准的颁布，核心素养的发展成为初中物理教师教学改革关注的重点。通过具有多年教学经验的一线教师对"第九届全国中小学实验教学说课活动"进行点评，可见一线教师在达成新课程标准"全面发展学生核心素养"及"发挥物理学科育人作用"的教学目标时，已经将创新物理实验教学作为真正落实新课程改革的重要措施。在实验教学创新中，教师们聚焦通过实验教学培养学生的核心素养，注重融入"增强物理实验教学与探究活动的实践性、体验性和探究性"的教学建议，加强引导学生在"实验中进行简单的设计和制作"。在围绕核心素养创新发展实验教学方面教师们结合多年实践经验取得了大量的成绩，但在具体的核心理念、实验教学策略的确定、实验创新角度等方面还有待于反思提升。

一 更新教育理念，全面深化实验在教学中的基础地位

基于新课程改革的教育理念，教师需明确物理观念的形成是建立在实验探究基础上的一个动态过程；科学思维的发展是依靠物理实验的逻辑思维发展过程；科学探究能力的培养是通过以学生为主体的自主探究过程；科学态度与责任的树立是由经历实验过程、观察实验现象实现的领悟过程。基于此，实验是落实新课程改革理念的具体化和细化，通过物理实验教学可以实现教学方式的多样化；通过物理实验教学可以强化学生的主体地位；通过物理实验教学可以体现物理学科的育人特点。因此，在创新实验教学时，要注重教育理念的更新，围绕新课程改革理念，创新实验教学理念、

实验教学方式、实验测量方法、实验器材等。

二 注重学段衔接、学情分析、区域差异分析，全面分析影响实验创新设计的因素

新课程理念要求遵循学生认知发展规律，加强课程一体化建设，促进学段间的衔接，提升课程的系统性。在进行实验的设计时，要了解所学内容在小学科学、初中、高中三个学段螺旋发展的设置及学业要求差异，充分考虑小学科学在学生头脑中已形成的概念及研究方法，设计能为高中学习做铺垫的实验教学，体现教学目标及知识内容的连续性和进阶性。

学情及区域差异一直是影响教师进行实验创新的重要因素。在创新实验设计时，要全面调研学生当前核心素养发展情况，针对学生问题有的放矢地设置教学突破点，针对学生已有技能安排实验实施方案。在确定实验主题时，要充分考虑地区特点，选择学生熟悉的教学情境进行实验设计。在进行实验器材的选择时，要结合区域资源差异，选择能够最有效完成学生核心素养发展的器材，尤其在学生必做实验器材的选择上，不需要拘泥于课程标准给出的建议，可以依据实际教学情况创新选择实验器材。

三 优化实验情境，关注问题引导，突出学生主体地位，增加实验教学有效性

生动、具体的实验教学情境设置，可以快速引发学生的好奇心，提升探究欲望，从情境中概括、提炼出研究主题，抽象出事物的本质特征。将实验设置于真实的生活情境中，可以引导学生自然地从生活走向物理，从

物理走向社会。在实验过程中，通过设置合适的问题，可以促进学生进行讨论交流，引导学生自主思考，探索和发现问题，促使学生主动进行科学探究，运用知识解决问题。因此，在创新实验教学时，要充分考虑实验情境及实验教学过程中问题的设置，从而提高实验教学的有效性。

（四）深度挖掘测量类实验中的核心素养，多角度创新实验教学

在物理实验教学的研究中，较少有教师对测量类实验的创新进行思考，认为按照规定完成实验教学即为完成了课程标准的教学要求。测量类实验是学生培养操作能力的重要教学手段，是学生进行实验探究的重要基础，是学生掌握测量方法的重要途径，通过对测量类实验的学习，可以提高学生的逻辑思维能力、构建物理模型能力、探究能力、问题解决能力等。因此，在进行测量类实验教学时，应充分挖掘测量类实验中的核心素养，结合物理学史研究发展历程，从改革实验教学方法、改进测量方法、创新实验器材等多角度寻找创新思路。

（五）创新实验教学评价方式，实现"教、学、评"一致性

新版课程标准要求评价实现"教、学、评"一致性，基于此，在实验教学的设置过程中，要充分考虑实验的评价功能，创新实验评价方式，摒弃只关注实验结果的评价方式，进行全过程性评价，充分发挥实验能够体现学生物理观念应用素养、科学思维素养、科学探究素养、科学态度与责任素养的特点，促进"教、学、评"的有机衔接，完成高质量评价，充分发挥评价在育人中的作用。

聚焦跨学科实践教学，聚焦"大单元"教学中的实验创新

"跨学科实践教学"是新版课程标准提出的新的课程内容，是当下教学改革关注的重点内容之一，具有跨学科性和实践性的特点。"跨学科实践教学"的设置要求基于综合性、实践性和开放性的跨学科问题情境，引导学生综合运用多学科知识和跨学科思维发现问题，分析、解决问题，培养学生合作精神及正确的价值观和社会责任感。"跨学科实践教学"的一般流程为确定目标主题、设计方案、制作模型（或调研）、交流评价。实验作为一个实践过程，是实现"跨学科教学"实践的有效途径。可以以"大单元"教育理念为实验创新思路，选择合适的项目，设置真实的问题情境，在大问题的驱动下，设置分层化、系统化、关联化、递进化的实验项目，从而完成学生的高质量培养，落实新课程理念，全面发展学生的核心素养。